KB168696

나는♥ 당당한 한 분 입니다

나는 당당한 한 분입니다

하이시 가오리 지음

황소연 옮김

큰나무

프롤로그

"한 분이세요?"

카페나 레스토랑에서 혼자일 때 들으면 왠지 주눅 드는 그 질문! 하지만 그 '한 분'이라는 말에 또 다른 의미가 있음을 아는가?

'나홀로'족이란 정신적으로 자립한 성인 여성을 지칭한다. 카페는 물론이고 당당하게 나 홀로 여행을 떠나는 그녀들! '나홀로'라고 해서 제 멋대로, 내 맘대로가 아니다. 타인과 더불어 타인과도 훌륭하게 공존할 수 있는 점이 진정한 '나홀로'족의 특징이다.

현대 사회에서 '커뮤니케이션 부재의 인간관계'를 테마로 집필을 계속해온 저널리스트 고故 이와시타 쿠미코岩下久美子 씨. 그녀가 '나홀로'족이라는 단어에 독자적인 정의를 내린 것이다.

일본경제신문사의 웹사이트인 〈닛케이 스마트우먼〉에서 연재를 시작한 뒤, 저자에게 한 통의 메일이 도착했다.

"혼자 시간을 어떻게 보내면 좋을지 잘 모르겠어요."

그 메일의 내용인 즉, '나홀로'족 정신에는 공감하지만, 어디서부터 시작해야 할지 잘 모르겠다는 것이었다. 혼자 행동한 경험이 없는 사람에게 어느 날 갑자기, '혼자 레스토랑에 가보세요.'라고 말하는 건 너무나 불친절한 얘기다. 혼자서 카페나 레스토랑에서 어떻게 시간을 보내야 하는지, 적합한 음식점은 어디인지, 그 선택도 낯설다는 걸 부끄럽지만 나는 그때야 깨달았다.

한편 '나홀로'족은 일부 돈 있는, 잘 나가는 커리어우먼의 전유물이라고 오해하는 분도 많은 것 같지만 절대 그렇지 않다.

그래서 나는 좀 더 많은 분들에게 '나홀로'족의 정신을 알리고자 그 입문서인 이 책을 펴내기로 맘먹었다.

이 책을 읽으면서 '나홀로'족의 세계가 특별한 세계가 아니라는 것을, 이해하리라 믿는다.

이 책을 계기로 정말 멋있고 건강하게 사는 여성이 늘어나길 진심으로 바란다.

하이시 가오리

차례

Chapter 01

'나홀로'족의 세계에 오신 것을 환영합니다

Lesson 01 '나홀로'족이 뭐예요?

'솔로우먼'은 '스마트우먼'이다

"'혼자 오셨어요?', '한 분이세요?'라는 말을 들으면 어떤 이미지가 떠오르세요?"

예전에 한 대기업 강연회에서 이런 질문을 던진 적이 있었다. 어떤 대답이 돌아올까, 기대하고 기대하던 나에게 돌아오는 대답은 역시!

"너무 외로워요, 솔로는……."

"지지리 궁상맞아 보이죠."

이렇듯 부정적인 이미지 일색이었다.

'혼자'라는 단어 탓일까? 혼자 왔다고 하면, '외로운 여자'로 비추어지기 쉬운 것 같다.

강연이 끝나고 '1인 고객' 즉 '나홀로'족이라는 단어가 가진 또 하나의 의미와 '나홀로'족의 정신을 알게 된 청중들은 긍정적이고 적극적인 '나홀로'족의 정신에 대부분 공감해 주었다. 또 '혼자'라는 말은 결코 '외로운 여자'가 아니라는 사실도…….

그런 일이 있은 지 벌써 몇 해가 흘렀다. 이제는 '나홀로'족이라는 단어가 여성들에게 많이 알려지고 있는 듯하다.

'나홀로'족이란 정신적으로 자립한 성인 여성을 지칭한다. 이 정신을 처음 제창한 분은 저널리스트이자 스토커 연구의 제일인자로 알려진, 고故 이와시타 쿠미코 씨다.

여기에서 이와시타 씨가 주창한 '나홀로'족의 5가지 정의를 소개하고자 한다.

'나홀로'족 1. '자아'가 확실하게 확립된 성인 여성
2. '자타 공생自他 共生'을 위한 삶의 지혜
3. 일, 사랑, 성공을 위해 갖추어야 할 삶의 철학
4. individual
5. 보통은 '1인 고객'을 뜻하는 호칭

좀 더 쉽게 말하자면, '나홀로'족은 혼자서도 식사나 여행을 즐길 수 있고, 더불어 타인과도 공존할 수 있는 여성, 타인에게 의존하거나 주위에 파묻혀 '나'를 잃어버리고 사는 것이 아니라, '나'라는 정체성을 확실하게 갖추고 살아가는 여성이다. 그렇게 정신적으로 자립한 여성은 누가 봐도 매력적이다. 그러니 사랑도 일도 술술 풀린다.

카페나 레스토랑에서 들으면 왠지 주눅드는 그 질문.

"한 분이세요?"

"네—에."

지금까지는 다 기어 들어가는 목소리로 대답한 당신! 오늘부터는 절대 그러지 말자. 어깨에 힘 팍팍 넣고서 당당하게 대답하자.

"네, 혼자 왔습니다!"

왜냐하면 '솔로우먼'은 '스마트우먼'의 증표이니까.

자, 그럼 오늘부터 당신도 근사한 솔로우먼이 되어보자.

'나홀로'족은 싱글·커플을 묻지 않는다

나는 '당연히' 싱글로 오해받을 때가 많다. 결혼했다는 '당연하지 않은(?)' 진실을 밝히면, "어머, 근데 왜 '나홀로'족 주장을 하세요?" 하는 질문이 바로 쏟아진다.

'나홀로'족이라고 하면 대개 싱글이라는 선입견을 갖기 쉽다. 하지만 그건 엄청난 오해다.

'나홀로'족은 미혼, 기혼을 묻지 않으며 모든 여성을 위한 것이다.

앞서도 얘기했듯이 '나홀로'족이란' 정신적으로 자립한 여성이지만 싱글은 미혼 여성 혹은 애인이 없는 여성을 의미한다. 즉 '나홀로'족의 정신을 배제한 채, 단순히 '나홀로'족이라는 단어의 사전적인 의미만 영어로 옮긴다면, 'single(혼자의, 독신의)'.

반면에 '나홀로'족의 기본 철학에 따르자면 'individual(개개의, 개인의)'이 정답이다.

미묘한 뉘앙스의 차이이지만 그 차이는 실로 크다. 즉 싱글은 1인 고객이나 독신을 뜻하는 호칭, '나홀로'족은 여성을 위한 '정신 철학'인 것이다. 결코 독신주의, 이기주의가 아님을 다시 한번 강조하고 싶다.

애인이 생기거나, 결혼을 하면 '나홀로'족에서 발을 빼는 여성을 흔히 만날 수 있다. 이는 혼자 하는 행동을 부정적으로 바라보고 있다는 증거다. 파트너가 생기면 혼자서 카페나 레스토랑에 가면 안 된다고 누가 정해놓았단 말인가?

만약 '나 혼자만의 시간을 가지면, 파트너에게 미안하잖아요.'라고 생각한다면, 큰 오산. 오히려 반대다. 자신만을 위한 시간을 단 몇 분도 허락하지 않는 결혼 생활은 남편에게 부담만 줄 뿐이다. 남편이 돌아오기만을 손꼽아 기다리는 생활, 좀 그렇지 않은가?

더러 "여자가 혼자 여행 간다고? 당신 미쳤어!" 하며 온몸으로 거부하는 남편도 있을 것이다. 하지만 그런 남편이 진정으로 당신을 사랑한다고 말할 수 있을까? 부부간의 신뢰가 돈독하다고 말할 수 있을까?

남편, 그리고 아이와 더불어 더 빛나는 삶을 살고 싶으면 절대 '나'를 잃지 말아야 한다. 항상 '나'라는 존재를 일깨워주는 '나홀로'족 정신을 잊지 말아야 한다.

나이가 들어도 젊고 싱싱하게 사는 여성의 비결은 절대 비싼 화장품 덕이 아니다. 나이가 들수록 빛을 발하는 여자는 바쁜 일상에서도 자신의 존재를 잊지 않는 여자다. 그런 여성이 꾸려 가는 가정은 화목하다. 그도 그럴 것이 언제나 젊음을 유지하며 생기 있게 사는 '어여쁜 당신'을 두고 남편이 한눈을 팔지는 않을 테니까.

'나홀로'족 정신은 현대 여성의 에티켓

식사할 때는 지켜야 할 예절이 있다. 예를 들면, 수프를 먹을 때 소리를 낸다면 보기에도 좋지 않을 뿐만 아니라 같이 식사하는 상대에게도 불쾌감을 안겨줄 수 있다. 타인과의 쾌적한 시간을 공유하기 위해서라도 기본적인 매너는 지켜야 한다.

마찬가지로, 눈에 보이지 않는 정신세계에서 지켜야 할 매너가 있다. 그 가운데 하나가 '상대에게 의존하지 않는 일'.

어머니 뱃속에 있는 태아 때는 탯줄로 어머니와 이어져 있다. 어머니 뱃속은 안락한 요람. 가만히 있어도 맛있는 음식을 주신다. 하지만 이 세상에 태어난 순간 탯줄은 끊어지고, 한 사람의 인간으로서 홀로서기를 해야 한다. 이 홀로서기가 말처럼 그리 쉬운 일이 아니다 보니, 우리는 누군가에게 의지하고 싶다는 생각에 빠지고 만다.

하지만 자신의 인생을 누군가에게 의탁하는 일은 그리 바람직한 일이 아닐 것이다. 가끔 텔레비전 드라마를 보면 여주인공이 가냘픈 목소리로 "날 행복하게 해주세요. 당신만 믿어요!" 하며 남자에게 안기는 장면이 있는데, 이는 지극히 이기적인 발상이다.

이혼한 뒤, "저 남자 때문에 내 인생은 완전히 엉망이 되고 말았어!" 하며 신세 한탄을 늘어놓는 여성 가운데, 특히 의존형 타입이 많다. 남편이 당신에게 당신 자신의 인생을 희생하면서까지 함께해달라고 부탁했는가? 분명 그렇지는 않을 것이다. 남편에게 혹은 애인에게 의존하면 할수록 상대는 부담을 느낄 수밖에 없다. 아무리 울창한 거목이라도 엄청난 무게가 가해지면 쓰러진다. 인간도 마찬가지가 아닐까. 상대에 대한 의존도가 높을수록 상대는 물론이고 자신도 쓰러지고 만다.

내 인생은 어디까지나 내 인생이다. 자신의 힘으로 헤쳐나가야만 한다. 행복하든, 불행하든 모든 결과는 자신의 것이다.

이제는 "행복하게 해주세요."가 아니라, "우리 함께 행복하게 살아요."가 시대에 부응하는 대사가 아닐까? 홀로서기한 두 사람이 하나가 될 때 비로소 행복한 결혼 생활을 영위할 수 있다. 이때 홀로서기에 필요한 삶의 철학이 바로 '나홀로'족인 것이다.

'타인에게 의지하지 않고 자신의 두 발로 일어선다.'는 '나홀로'족 정신은 파트너에게 편안함을 준다. 각자가 자신의 두 발로 서 있기 때문에 같이 무너질 리도 없다. 만약 한쪽이 휘청거리면, 꿋꿋이 서 있는 다른 한쪽이 손을 내밀면 된다. 이런 여유야말로 두 사람을 강하게 이어주는 사랑의 끈으로 승화될 수 있다.

여성들이여 '나홀로'족 정신으로 진정한 행복을 추구하자!

Lesson 02 '나홀로'족으로 똑똑한 여자가 되자

'나'를 리셋한다

여자는 결혼하거나 아이가 생기면, '—씨 부인', '누구누구 엄마'로 불리는 경우가 많다. 나도 그랬다. 남편 친구나 직장 상사를 만나면 내 이름은 오간데 없고, '하이시 씨 부인'이 된다. 그런 말을 들으면 '나도 우리 부모님이 물려주신 이름이 버젓이 있는데…….' 하고 심사가 불편해진다. 게다가 남편 부속품이 된 것 같아서 기분이 영 좋지 않다. 그렇다고 "제 이름은 ○○○입니다. ○○○라고 불러주세요."라고 똑 부러지게 말할 수도 없다.

'나'는 누구일까?

'나'라는 존재를 누르고 살다 보면 문득 그런 생각이 들 때가 있다. '○○ 엄마'는 분명한 사실이지만, 지금까지 살아온 '나'는 도대체 어디에 있는 거지? 남편 친구뿐만 아니라 아줌마들끼리도 마찬가지이다.

사람들이 모이면 제 고집만 부릴 수 없다. 자신의 목소리만 높이다 보면 원만한 인간관계를 맺을 수 없다는 건 누구나 다 아는 사실. 인간관계에서는 두루뭉술 굽힐 줄도 알고, 상대의 의견을 조용히 따라야 할 때도 있다.

그러나 타인에게 맞추기만 하다 보면 어느새 '나'라는 존재는 자취를 감추게 된다. 이처럼 자신의 존재가 스멀스멀 묻혀갈 때 다시 리셋하는 힘, 그것이 바로 '나홀로'족이다.

혼자만의 시간은 자신과 만날 수 있는 소중한 시간. '○○씨 부인'이 아닌, 당당한 한 사람의 인격체라는 사실을 재확인시켜 준다. 그리고 자신의 인생 목표는 무엇인지, 그 목표를 달성하기 위해서는 지금 무엇을 해야 하는지 깨닫게 해준다.

또 '나홀로'족은 마음을 차분히 정리한다는 의미에서도 위력을 발휘한다.

나는 회사 일이 잘 풀리지 않거나, 사람에 치였을 때 곧장 집에 가지 않고 마음에 드는 바에 잠시 들른다. 가볍게 술을 한잔 마시면 마음이 펴지면서 기분 전환이 된다. 만약 몸과 마음이 지친 상태에서 곧장 집으로 향한다면 식구들한테 괜한 화풀이를 하게 될 것이다. 하지만 내 자신을 차분히 돌아봄으로써 가족들에게도 환한 얼굴을 보여줄 수 있다.

이런 얘기를 하면 "그건 월급쟁이 남자들 얘기잖아!" 하면서 곱지 않은 시선을 보내는 남성도 있을 것이다. 물론 퇴근길 한잔은 직장 남성들의 특권과 같은 것이었다. 하지만 시대는 변했다. 지금은 여성도 혼자만의 시간을 통해 자신을 재점검할 필요가 있다. 사회라는 큰 파도에 자신의 존재가 휩쓸려 가지 않도록 스스로를 단단하게 동여매는 기술을 익혀야 한다.

live for the
moments
you can't put
into words

'나'를 갈고 닦는 길

나는 작가이자, 주부이다. 평상시 아침에는 남편 도시락을 싸고 집안일을 하는 평범한 주부이다.

'나홀로'족 주장을 하기 전만 해도 일주일 넘게 집에만 콕 박혀 있을 때도 있었다.

어느 날, "일주일 동안 '방콕' 했더니 좀 그러네. 오늘은 영화라도 보러 가야지." 하며 화장하려고 거울을 본 순간, 놀라고 말았다.

'이거 내 얼굴 맞아?'

삐죽삐죽 새어 나온 눈썹과 부스스한 머릿결, 축축 늘어진 피부에 눈가 주름은 정말 장난이 아니었다.

'내가 정말 이 얼굴을 하고 생활했단 말인가!'

자신을 돌아보지 않는 생활은 노화를 급속하게 진행시킨다는 사실을 그때 온몸으로 실감했다. 이후 망각했던 내 자신을 되살리자, 잃어버린 내 나이를 되찾을 수 있었다.

멍하니 일상 생활에 파묻혀 지내다 보면 모든 면에서 뒤쳐지기 쉽다. 특히 옷차림은 가장 티 나는 부분이다. 다 늘어난 티셔츠에 무릎이 나온 바지. 이쯤 되면 예전의 패션 감각은 물론이고, 멋을 낸다는 건 꿈도 꾸지 못하게 된다.

게다가 시야도 좁아진다. 대화 상대가 가족이나 동네 아줌마가 고작이다 보니, 얻을 수 있는 정보도 한정되어 있다. "옆집 아저씨가 바람을 피웠대!", "연예인 누가 결혼을 한대!" 하는 식의 이야기가 과연 자신의 인생을 풍요롭게 해줄 수 있을까? 적어도 나는 그렇지 않다고 생각한다.

'나홀로'족은 그런 타성에 젖은 일상을 새롭게 해준다. 멋진 카페나 바에 가면 참신한 인테리어가 먼저 눈에 띈다.

'우리집도 저렇게 꾸며 볼까?', '이 소파 진짜 푹신하네. 우리집 거실에 두면 조금 부담스러울려나.' 그 소파에 기대고 앉아 커피를 마시면, 왠지 자신이 근사하게 느껴지는 건 왜일까? 카페에서 나와 거리를 활보하다가, 문득 쇼윈도에 비친 자신의 모습을 바라보자. 어깨를 쫙 편 당당한 모습이 분명 자신을 환하게 맞이해 줄 것이다. 환한 미소에 기분이 고조되어 '다음엔 좀 더 예쁘게 멋을 내봐야지!' 하며 점점 멋쟁이로 변신할지도 모른다.

혼자만의 시간을 갖는다는 건, 살림에 찌든 때를 털어 내는 데에도 특효약이다. 즉 '나홀로'족은 '최고의 여자 만들기' 라고 해도 과언이 아니다. 비싼 피부미용실에 다니지 않아도 틈틈이 혼자만의 시간을 가지면서 자신을 점검해 본다면 당신은 돈 들이지 않고 '아름다운 여자'가 될 수 있으리라. 그것도 언제까지나…….

선택의 달인으로

'점심은 어디에서 먹을까, 메뉴판에 빼곡하게 적힌 메뉴 가운데 뭘 먹을까?'

그이와 함께라면 메뉴 선정도 '알아서 하세요.'가 되기 쉽지만 '나홀로'족은 다르다. 스스로 결정하지 않으면 안 된다.

'음식점 분위기는 나한테 맞을까?'

'오늘 컨디션에 딱 맞는 메뉴가 뭐지?'

'오늘은 좀 짠순이가 되어야 하는데, 뭘 먹지?'

이와 같이 '나홀로'족은 선택의 안목을 끊임없이 키우고 있다.

지금쯤 "메뉴를 정하는 게 뭐 그리 큰일이라고!" 하며 볼멘 소리를 하는 독자도 있을 것이다. 하지만 한번 상상해보시라. 스파게티 전문점에서 토마토소스와 크림소스 두 종류의 스파게티가 있을 때, 주위 모든 사람은 토마토소스의 빨간 스파게티를 먹고 있다. 하지만 자신은 크림소스의 새하얀 스파게티를 먹고 싶다. 이때 크림소스를 당당하게 시킬 수 있는 사람은 그리 많지 않다. 이는 자신의 선택에 자신이 없으니까. 이처럼 선택하고 결정하는 일은 아무리 사소한 일이라도 쉽지 않다.

나는 지금까지 내 인생에서 두 가지 중요한 용단을 내렸다. 첫 번째는 첫 직장. 정규직의 안정적인 대기업으로 갈까, 비정규직의 라디오 캐스터가 될까? 고민의 고민을 거듭한 끝에 나는 후자를 선택했다. 어린 시절부터 꿈이었던 말하는 일에 인생을 걸어보기로 했던 것이다. 내 선택은 옳았다. 지금 이렇게 글 쓰는 일을 업으로 삼을 수 있었던 것은 라디오 캐스터 시절 원고 쓰는 연습을 부단히 한 결과라고 생각한다.

두 번째 선택은 전문 작가가 되는 일. 나는 라디오 캐스터를 그만두고 여성 주간지 기자가 되었다. 내 능력보다 훨씬 더 나은 보수를 받고 우아한 생활을 10년 이상 즐기고 있었다. 하지만 내 마음 한구석에서는 '내가 좋아하는 것들을 글로 표현하고 싶다.'는 바람이 간절했다. 그러던 어느 날, 한 편집자에게 문체에 대해 질문을 구하자, "훌륭한 기자는 편집자 말에 순응할 것. 문체 따위 신경 쓰지 않아도 돼!" 하는 엄청난 질책을 들었다. 이후 나는 아무런 미련 없이 사표를 던졌다. 그 뒤 시음사試飮師 자격증을 살려서 술과 요리를 중심으로 집필 활동을 하게 되었다. 힘들고 가슴 아팠던 일도 많았지만, 지금 생각해보면 그때 내 선택은 틀리지 않았다고 생각한다.

내가 이런 중대한 결정을 내릴 수 있었던 것은 평소 '나홀로'족을 통해 선택의 힘을 길렀기 때문이다. 선택의 기로에서 있을 때 나는 수많은 친구에게 자문을 구했다. 만약 나에게 선택의 안목이 없었다면 친구들 조언에 휩쓸려 엉뚱한 인생길로 들어갔을지도 모른다. 물론 나의 꿈은 영원히 접어버린 채로…….

하루하루 거듭되는 사소한 선택. 이 선택을 하나하나 쌓아감으로써 인생을 좌우하는 용단도 이성적으로 내릴 수 있다. 이는 '나홀로'족의 또 다른 혜택이다.

Lesson 03 마음의 비타민을 마시자

마음이 깨끗해야 진정한 미인

얼굴에 영양 크림을 듬뿍 바르고, 피부 관리사의 현란한 손놀림에 매혹당한다. 나도 몇 번 경험한 적이 있지만, 온몸의 긴장이 풀릴 정도로 기분이 좋아진다. 마사지가 끝난 뒤 거울을 보면 촉촉한 피부는 반짝윤이 난다. 기분 탓인지, 왠지 어려 보이는 것 같아서 거울에 자꾸 내 모습을 비춰 보고만 싶다.

피부와 마찬가지로 마음에도 영양이 필요하다. '나홀로'족은 마음의 영양 크림이다. 마음이 좀 푸석푸석해졌다 싶으면 '나홀로'족을 적극적으로 추천한다.

'마음에 바르는 명품 크림, 정말 효험이 있을까?' 하고 미심쩍어 하는 독자들을 위해 좀 더 자세히 알아보자.

식사하거나, 여행을 가거나 누군가가 곁에 있을 때는 자신의 생각대로만 움직이기 힘들다. 아무리 마음이 맞는 친구라도 배꼽시계와 신체 리듬이 똑같을 리는 없다. 나는 일식을 먹고 싶은데 친구는 중식을 원한다. 어제부터 다이어트를 시작해서 기름기는 영 내키지 않지만, 그런 자신의 사정에는 아랑곳없이 상대방에게 맞추어야 할 때도 있다. 시간과 돈을 쓰고 있는데도, 마음은 찜찜하다. 맛있는 식사를 했으면 스트레스가 확 풀려야 할 텐데, 마음도 게다가 지갑까지 배고파진다.

하지만 '나홀로'족은 그런 스트레스와 전혀 무관하다. 시간이나 돈을 자신이 마음먹은 대로 쓸 수 있다. 내가 먹고 싶은 것을 먹을 수 있고, 가고 싶은 장소에, 좋아하는 시간대에 갈 수 있다. 스트레스 없이 진정한 치유를 얻을 수 있다. 좋아하는 일을 실컷 했다는 만족감은 황폐해진 마음을 어루만져준다.

나이를 먹으면 그 사람의 인생이 얼굴에 나타나기 마련이다. 젊을 때는 단순히 외모로 미추를 판단하기 쉽지만, 일정한 연령에 이르면 외모는 별 의미가 없다. 인간적인 매력을 풍기는 여성이 진정한 '미인'이다. 이때 진정한 미인의 마음은 항상 윤이 난다. 마음의 크림을 정기적으로 바르고 있는 미인의 표정은 그 온화함으로 상대방의 상처까지 치유해준다.

반면에 마음의 크림을 바르지 않는 추녀의 표정은 험상궂고, 태도나 말씨에도 가시가 돋아 있다. 그런 사람과 만나서 이야기하다 보면 그 가시에 찔릴까 두렵다.

신기하게도 '나홀로'족으로 마음을 관리하면, 마음은 물론이고 피부도 한결 매끄러워진다. 이는 스트레스가 말끔히 해소되었기 때문이리라. 마음 그리고 피부까지도 아름다워지는 '나홀로'족, 작심삼일로 그치지 말고 꾸준히 가꾸는 것이 진정한 미인의 비결이다.

마음을 살찌우기 위한 지출

'나를 위한 선물'로 준비하는 것은? 유행하는 명품 가방, 아니면 보석? 물론 가방이나 보석도 좋겠지만, 나는 조금 다른 선물을 준비한다. 내가 내 자신에게 주는 특별 선물은 물건이 아니다. 형체는 없지만 나의 정신을 더욱 윤택하게 하는 것들이다. 나는 전신 마사지나 프랑스 요리를 '나를 위한 선물'로 선택한다. 열심히 노력한 자신을 위해, 그리고 나 자신을 격려하는 차원에서 나는 나를 기분 좋게 해주는 시간과 공간을 돈으로 산다.

나는 이런 투자를 '마음을 살찌우기 위한 지출', 일명 '마음 지출'이라고 부르고 있다. 이 '마음 지출'로 구입한 것은 가방이나 보석처럼 당장 손에 남지는 않는다. 하지만 피로에 지친 마음을 치유해 주는 효과가 있다.

좀 부끄러운 얘기지만 나도 한때는 '나를 위한 선물'에 값비싼 시계나 가방을 구입했다. 구입한 순간은 어깨가 으쓱

해지지만, 이내 내 시선은 다른 모델로 옮겨져 있었다. 그러면 애써 장만한 보석은 하루아침에 아무짝에도 쓸모없는 돌멩이로 보였다. 가방이라면 바로 옷장으로 직행. 유행이 지난 가방은 보고 있자니 옷장 자리만 차지하고 그렇다고 또 버리자니 아깝고……. 결국 그 가방의 운명은 이 세상 구경을 더는 하지 못한 채, 옷장 속에 갇혀 살게 된다.

어느 날 문득 해골처럼 쌓인 '허영심의 잔해'를 목격한 순간, 나는 바보 같은 짓을 그만두기로 했다. 그날 이후 나는 '나를 위한 선물'로 가방을 구입하지 않았다. 대신 꿈에 그리던 레스토랑에 가거나 좋아하는 마사지를 듬뿍 받기로 했다. 이때만큼은 돈을 아끼지 않는다. 보통 때는 엄두도 낼 수 없는 사치이지만 '오늘이다.'라고 맘먹은 날은 머리부터 발끝까지 때 빼고 광내는 코스를 선택한다. 과감하게 나를 위해 한 턱 쏜 날은 기분도 상쾌해진다. 이는 유행에 신경 쓸 염려도 없고, 좁은 옷장을 차지할 걱정도 없는 아주 경제적인 선물이다. 물건을 소유함으로써 만족감을 느끼기보다, 스스로 '기분 짱이다.'라고 느낄 수 있는 시간에 과감히 지갑을 연다. 이것이 진정으로 똑똑한 지출이 아닐까?

"단 몇 시간 동안 그렇게 큰돈을 쓰다니, 미쳤군!" 하고 곱지 않은 시선으로 보는 사람도 있을 것이다. 하지만 '마음 지출'은 자기 계발과도 직결된다. 훌륭한 레스토랑에 가면 식문화 지식이 늘어날 수 있고 와인 공부도 할 수 있다. 마사지도 예외는 아니다. 아로마의 효능을 직접 피부로 느낄 수 있다. 온몸으로 터득한 지식은 스스로 자신감을 안겨준다. 그 자신감이야말로 자신의 내면을 빛나게 해줄 수 있다. 자신감은 절대 돈으로 살 수 없다는 사실을 생각한다면, '돈 아까워라!'는 곱지 않은 시선은 좀 누그러지지 않을까?

내가 갖고 싶은 건 내 돈 주고 산다

한 보석업체의 '당당한 여자, 보석은 내 맘대로 산다'는 광고 문구를 본 적이 있다. 그 광고를 접한 순간 '나홀로'족 정신과 맞닿는 부분이 있어서 고개를 끄덕였던 기억이 난다. 자신을 위해 보석을 고른다. 물론 경제적으로 자립한 여성이 아니라면 엄두도 내지 못할 일이다. 나도 부모님 슬하에서 생활하다가 첫 월급을 쪼개서 목걸이를 구입했을 때, '나도 이제 어엿한 성인이구나.' 하는 우쭐한 기분을 맛본 적이 있었다. 그 목걸이를 두른 근사한 내 모습이 자랑스러워서 어딜 가나 반드시 목에 걸고 다녔다. 지금도 그 목걸이는 내가 제일 아끼는 보물 1호이다.

"보석을 왜 내 돈으로 사!" 하며 자랑삼아 말하는 여성도 있지만, 그런 여성의 얘기를 듣고 있으면 "난 능력이 없어요!" 하는 것 같아 그리 좋아 보이지 않는다. 게다가 애인에게 이

거 사달라 저거 사달라, 조르는 행동은 아름다워 보이지는 않는다.

간절히 원하는 것은 돈을 모아서 자기 힘으로 장만해야 진정한 기쁨을 얻을 수 있다. 그리고 더 열심히 일하기 위한 활력소가 된다.

나는 어려운 업무를 하나 마무리 지으면 나를 위한 선물로 여행을 떠난다. 시간이 허락되면 해외여행을 큰맘 먹고 떠난다. 주로 리조트 호텔에 머물며 호텔 스파에서 마사지를 받는데, 몸과 마음의 때가 말끔히 씻겨지는 것 같다.

'야, 내가 이 맛에 일한다. 다음에 또 와야지. 아자 아자 열심히 일하자!' 하며 마음의 에너지를 충전함으로써 내일을 위한 힘을 얻는 것이다.

아무런 대가 없이 그저 얻는 것은 별다른 감흥을 느낄 수가 없다. 소유욕은 채울지언정, '내 힘으로 해냈다.'는 성취감은 맛볼 수 없다. 또 애착도 없으니까 금세 싫증난다.

누군가에게 선물을 기대하는 일은 생일이나 뭔가 특별한 기념일에만! 선물에 익숙해지면 감사하는 마음도 없어진다. 일하지 않아도 얻을 수 있다는 안일함에 젖으면, 노동의 기쁨을 잃고 의욕을 상실하고 만다. 결국 성공의 여신은 자신을 영영 찾지 않는다.

'나홀로'족 정신으로 무장한 당신, 성공을 위해서라도 갖고 싶은 건 자기 힘으로 구입할 것!

구입하는 순간, 지갑은 얇아지겠지만 너무 걱정하지 마라. 사기 충천, 의욕 만점인 당신은 밀려드는 일에 즐거운 비명을 지를 테니까.

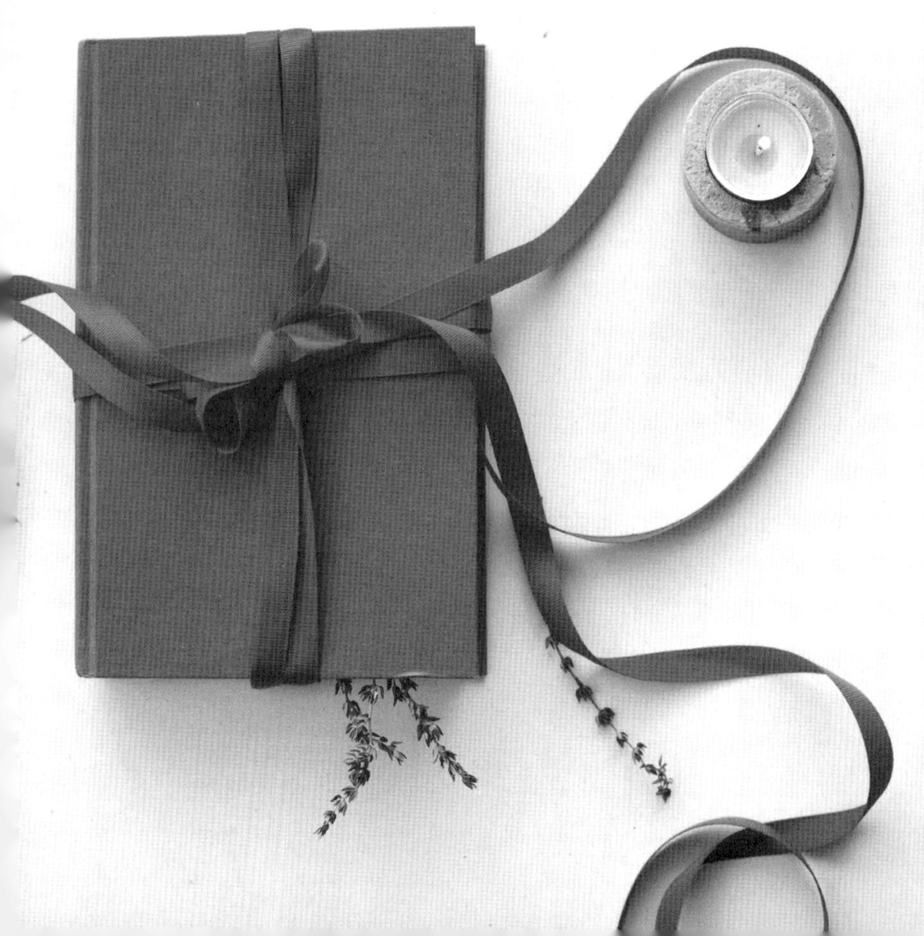

Lesson 04 혼자서나 둘이서나

마음으로 일어서기

나에게 있어서 영화를 감상하는 것은 '나홀로'족임을 만끽할 수 있는 소중한 시간이다. 나 같은 경우 혼자서 극장을 찾는 경우가 90% 이상이다. 특히 감동의 명화라면 더더욱 혼자서! 나는 손수건 없이는 영화를 보지 못하는 순정파라서 누구랑 같이 가면 민망해서라도 혼자 영화를 보게 된다.

오래전에 감명 깊게 본 〈뮤직 오브 하트Music Of The Heart〉라는 영화의 무대는 뉴욕의 이스트 할렘. 음악 교사인 로버타(메릴 스트립)는 가난한 아이들에게 음악의 위대함을 가르치고자 최선을 다한다. 개성이 강한 학생들 가운데는 다리에 장애를 가진 아이도 있었다. 어느 날 그 학생은 "선생님, 다리가 불편해서 악기를 들고 있을 수 없어요. 연주할 수 없어요." 하고 하소연한다. 그러자 로버타는 "사람은 두 발로만 설 수 있는 게 아니야. 마음으로도 일어설 수 있단다." 하며 자상하게 아이를 이끈다.

"마음으로 일어선다."

정말 근사한 말 아닌가!

'나홀로'족 정신과 의미가 상통하는 말이기도 하다.

정신적으로 홀로서기가 가능한 사람은 타인과도 잘 어울릴 수 있다. 타인과 잘 어울릴 수 있는 사람은 원만한 사회생활을 꾸려 나갈 수 있다. 누군가에게 의지하지 않고 자신의 앞길을 개척하는 사람은 성공을 거둘 수 있다.

로버타가 읊은 대사에는 그런 깊은 뜻이 담겨 있지 않았을까?

잠시 화제를 돌려서, 누군가 당신에게 이런 질문을 던진다면 당신은 뭐라고 대답할 것인가?

"어떻게 하면 정신적으로 홀로서기를 할 수 있을까요?"

분명 경제적인 자립은 눈으로 확인할 수 있지만, 정신적인 자립은 객관적인 잣대로 확인하기 어려울 것이다. 만약 나에게 같은 질문을 던진다면 나는 이렇게 대답하겠다.

"자신이 할 수 있는 일을 찾아서 하나씩 실천해 나가는 것이지요."

아주 사소한 일이라도 좋다. 항상 엄마한테 맡겼던 다림질이나, 전적으로 남편한테 의존했던 전구 갈아 끼우기……. '난 못 해.' 하는 선입견을 갖고 있어서 그렇지, 실제로 해보면 그리 어려운 일은 아니다.

혼자 힘으로 할 수 있는 일을 하나씩 늘려 나가면 그만큼 자신감이 붙는다. 하나를 실천에 옮기면 다음 목표를 세워서 노력해 나가게 된다. 그러면서 좀 더 많은 일을 혼자 힘으로 해내게 되고, 결과적으로 정신적인 홀로서기도 가능해지는 것이다. 적어도 무슨 일이 생기면 남편부터 부르는 일은 없어지지 않을까.

아주 작은 일이라도 스스로 할 수 있는 일부터 시작하자. 처음부터 두 발로 완벽하게 서지 않아도 된다. 연습을 해나가는 동안 자신도 모르는 사이 '마음'은 우뚝 서 있을 테니까.

자신의 세계에 날개를 달아주자

애인이 생기는 그날부터 연락이 딱 끊기는 여자친구가 있다. 안부 메일은 물론이고, 시도 때도 없이 걸려 오던 전화도 감감무소식이다. 그 친구의 존재를 잊을 때쯤, 풀 죽은 목소리로 전화가 걸려 온다.

"실은 나, 애인이랑 헤어졌어!"

전처럼 연락이 빗발치는가 싶더니, 다시 연락 두절, 또 새로운 애인이 생겼다나! 주위를 둘러보면 이런 타입은 반드시 존재한다. 그 친구의 속내를 들춰보면 시간을 함께 보내주는 사람이라면 누구나 오케이! 결국 혼자서는 아무것도 하지 못하는 사람이다.

혼자서는 아무것도 못하는 사람은 타인에 대한 정신적인 의존도가 높기 때문에 오랜 시간을 함께 보내다 보면 상대가 지치기 쉽다. 먹고 싶은 메뉴나 가고 싶은 장소를 물어도 언제나 대답은 "네가 알아서 해!"

상대가 뭘 해줄 때까지 마냥 기다리고 있을 뿐, 스스로 뭔가 의욕적으로 하려고 하지 않는다. 좀 심하게 말하면 인형 같은 삶이다. '남자친구와 오래 가지 못하는' 여성 가운데 이런 타입을 흔히 볼 수 있는데, 정작 본인은 남자친구와 오래 가지 못하는 이유를 모른다. 남은 남이다. 자신의 생각대로 움직여주지 않는다. 상대와 타이밍이 맞지 않으면 당연히 혼자서 시간을 보낼 줄 알아야 한다. 이때야말로 시간 관리가 중요하다.

나 홀로 시간을 즐길 수 있는 '나홀로'족은 둘이서 함께하면 더 즐겁게 지낼 수 있다. 자신의 세계를 갖고 있는 사람은 인간적인 매력이 솔솔 풍긴다. 지식이나 화제도 풍부해서 함께해도 전혀 지루하지 않다. 각자의 세계를 가진 두 사람이 만나면 화학반응이 일어나 즐거움도 배가 된다.

반면에 자신의 세계가 없는 사람과 함께하면 한쪽이 항상 안내자 역할을 해야 한다. 자신만 네비게이터 역할을 자청해야 하기 때문에 재미가 없다. 금세 싫증이 난다. 좀 더 색다른 세계를 만나고 싶어 하는 건 모든 사람의 마음일 테니까!

늘 함께하고 싶은 '매력적인 그녀'가 되기 위해서도 '나홀로'족은 필수과목이다. 혼자만의 시간 속에서 자신의 세계를 만들고 그 세계에 날개를 달아주자. 알록달록 날개가 늘어날수록 당신의 꿈은 훨훨 날개짓을 할 수 있을 것이다. 꿈을 이루는 당신, 상상만 해도 근사하지 않은가!

인생의 미아가 되지 않으려면

나이가 들수록 빛을 발하는 사람과 빛이 사그라드는 사람이 있다.

그 갈림길은 무엇일까? 나는 인생의 목표가 있느냐, 없느냐에 따라 빛이 나는 사람, 빛을 잃는 사람이 나뉘어진다고 생각한다. 확실한 목표를 갖고 하루를 열심히 사는 사람은 얼굴에 생기가 감돈다. 젊을 때부터 목표를 갖고서 인생 설계를 그려 가는 사람은 자신감 넘치는 표정을 짓고 있다.

목표는 사람마다 다 다르지만 주의해야 할 것은 목표 세우기! 어디까지나 자신의, 자신에 의한 자신을 위한 목표여야 한다. 예를 들면 '내 아이만큼은 꼭 ㅇㅇ대에 보내야지!', '무슨 일이 있어도 남편 출세시킬 거야!' 하는 식의 목표를 자신의 인생 목표로 삼아서는 안 된다는 얘기다. 자신의 인생길을 걸어가는 것은 바로 당신 자신이다. 설령 부모 자식이라 하더라도 각자의 인생길을 대신 갈 수는 없기 때문이다. '인생'이라는 이름의 무대에서 주인공은 자기 자신이다.

종종 자식을 자신의 전부 혹은 소유물이라고 믿는 사람을 만나면, 그들은 한결같이 "난 자식 때문에 살아!"라고 말한다. 또 그들은 자신이 실현하지 못한 꿈을 자식에게 강요한다. 아이의 수족이 되어서 그림자처럼 따라다닌다. 그런데 자신의 꿈이 둥지를 떠나면 인생의 나침반을 잃는다. 어느 쪽으로 가야 할지 몰라서, 그 자리에 털썩 주저앉고 만다. 애초 목표 설정이 잘못되면 이런 잘못된 결과가 초래될 수밖에 없다. 자신의 인생을 타인에게 올인한다는 건 타인의 존과 같은 의미다. '내가 살아가는 이유'를 빌미로 상대방에게 민폐를 끼치고 있는 건 아닐까?

기혼 여성의 대부분은 남편 혹은 자식에게 자신의 거의 모든 시간을 할애한다. 투자 시간이 늘어날수록 자신의 존재는 희박해지기 마련이다. 갓난아기를 돌보는 것은 당연하다고 해도 다 큰 남편까지 하나에서부터 열까지 챙겨주는 건 생각해봐야 하지 않을까? 자기 일은 자기가 알아서 할 수 있도록 다짐을 받아 두어야 한다. 서로 자립함으로써 자의식이 싹트고 올바른 목표 설정이 가능해지기 때문이다. 결혼해도, 아이가 생겨도 나는 나! '나홀로'족 정신은 그 사실을 잊지 않도록 당신을 지켜줄 것이다.

물론 남편과 하나가 되어서 목표를 공유하는 일도 중요하다. 하나의 꿈을 향해 나란히 걸어가는 일은 두 사람의 마음을 단단히 묶어준다. 하지만 만에 하나, 남편이 먼저 떠났다면? 그 꿈이 크면 클수록 혼자서 걸어가기가 힘에 부친다. 어쩌면 한 발짝도 앞으로 나아갈 수 없을지도 모른다. 하지만 만약 자신만의 목표가 있었다면 방향 전환을 도모해 둘로 분산되어 있던 힘을 한 곳에 집중할 수 있다.

목표는 인생의 나침반과도 같은 것. 목표가 확고하다면 인생에서 절대 미아가 되는 일은 없을 것이다.

Lesson 05 '나'를 재발견한다

'새하얀 날'을 만들자

오늘 밤엔 와인 동호회, 내일 밤엔 문학 동호회, 그리고 주말에는 산행 약속……. 우연한 기회에 친구의 일정표를 보게 되었는데, 빽빽한 스케줄에 깜짝 놀랐다. '참 열정적인 삶을 살구나!' 하며 부럽기도 했지만, '쟤는 도대체 언제 혼자 있는 거야?' 하는 의문이 인 것도 사실이다.

취미나 문화생활에 푹 빠져서 '그것 없이는 못 살아!' 정도라면 또 모를까, 지나치게 빽빽한 약속 일정은 재고해보는 게 어떨까?

혼자만의 시간을 만끽하지 못하니까, 내키지도 않는 모임에 참석해서 괜한 시간과 돈을 허비해 버린다. 이런 낭비를 계속하는 한, 진정한 홀로서기는 불가능하다.

내 수첩도 깨알 같은 약속들로 가득했던 시절이 있었다. 회사에서 퇴근하면 부모님과 고양이가 날 반갑게 맞이해 준다. 부엌에서는 맛있는 향기가 코를 간지럽히고…… 식탁에 앉으면 따뜻한 밥이 기다리고 있다. 그러나 독립 선언을 한 뒤로 그 좋은 시절은 다 가고, 집에 돌아오면 나를 맞이하는 건 추위와 어둠뿐이었다. 불규칙한 업무 때문에 식사도 편의점 도시락으로 대충 때우기가 일쑤였다. 원래 외동아이로 자라나서 나 홀로 생활에는 익숙함에도 불구하고, 독립 선언 뒤 내 생활은 거의 패닉 상태에 가까웠다. 그때 외로움을 달래기 위해 일부러 약속을 잡았고, 일정표를 새카맣게 채웠다. 하지만 얼마 지나지 않아 그 모든 일들이 시간 낭비이고 부질없다는 걸 깨달았다. 이후 나는 업무 이외에는 불필요한 약속을 잡지 않았다. 그것이 '나홀로'족의 첫걸음이었다고 생각한다.

하루 일정을 적은 수첩에서 '새하얀 날'을 만들어보자. 그 날만큼은 아무것도 하지 않고 나 홀로 시간을 만끽했으면 한다. 가능한 휴대폰 전원도 꾹 눌러놓고, 인터넷에도 접근 금지.

처음에는 멍하니 있다 보면 '왜 이리도 시간이 안 가지?' 하며 조바심 낼지도 모른다. 하지만 조용히 자신의 내면과 만나는 동안 '요즘 유행하는 소설책을 한번 읽어 볼까나', '잡지에 나온 그 카페, 직접 찾아가 보고 싶은데' 하며 정말 자신이 하고 싶어하는 일이 머릿속에 떠오를 것이다. 시간을 홀대하면 어느새 '나'를 잃어버린다. 의도적으로 '새하얀 날'을 만들어서 자신의 가치를 재발견할 수 있는 뜻깊은 시간을 가져보시길…….

'ㅇㅇㅇ'이라는 이름의 브랜드를 확립하라

시내 유명 백화점의 명품 매장, 다들 불황이라고 야단이지만 명품 매장만큼은 불황을 잊은 듯하다. 폐업 속출이 다반사인 현실에서 유독 명품 매장만큼은 승승장구하는 이유는 무엇일까? 나는 그 이유를 이렇게 생각한다.

거품 경제가 한창이던 시절, 품질과는 관계없이 브랜드 이름만 붙이면 날개 돋치듯 팔리던 때도 있었다. 이후 거품이 걷히고, 형편없는 질에 비해 가격이 뻥튀기처럼 부풀려졌다는 사실을 그제야 깨달은 사람이 하나둘 늘어났다. 불황은 생활을 압박했지만, 한편으로는 양질의 제품을 가려내는 안목을 기를 수 있었다. 저질은 철저히 시장에서 배제되었고, '값싸고 좋은 상품', '비싸도 최고의 품질을 자랑하는 제품'만이 살아남았다.

선택의 안목이 까다로워진 소비자들은 어정쩡한 제품에

는 눈길을 주지 않는다. 그러니 최고의 명품은 불황 속에서도 끄떡 없는 매출을 자랑할 수 있는 게 아닐까?

물론 단순히 허영심만으로 명품에 집착하는 사람도 있다. "내 돈 내 맘대로 쓴다."고 하면 할 말은 없지만 명품의 진정한 가치도 모른 채, 단지 "폼 나니까"의 이유만으로 명품에 집착하는 사람을 보면 미간이 절로 찌푸려진다.

이왕이면 다홍치마라고, 지저분한 옷차림보다는 말끔한 옷차림이 좋은 인상을 주는 것은 사실이다. 인간의 심리란 묘해서 고가 명품을 몸에 두르고 있으면 자신의 인격도 명품인 줄, 잠시 착각에 빠질 수 있다. 하지만 명품을 벗으면 동시에 자신의 인격도 질이 떨어진다면 그 또한 슬픈 일이 아닐까? 요는 한낱 물건에 의존하지 말고 자기 자신에게 승부를 걸어야 한다.

명품을 몸에 두르는 것이 중요한 것이 아니라, 고상한 인격을 갈고 닦는 것이 중요하다. 이를 위해서는 우선 '나홀로'족 정신을 통해 '자아'를 확립할 것. 누구에게나 호감을 줄 수 있는 존재가 될 수 있도록 내면을 키우는 것이 급선무이다.

어디에 내놓아도 부끄럽지 않은 '나'라는 최고의 브랜드를 쌓아간다면 명품의 명품이라도 흔들리지 않을 것이다.

칼럼 1

혼자 즐기는 드라이브

"혼자서 차를 몰면 스트레스가 훨훨 날아가요."

"창문을 닫은 채 볼륨을 최대한 올리고 흥얼대다 보면 기분이 절로 짜릿해져요."

"야심한 밤에 목적지를 정하지 않고 고속도로를 달리다 보면 한없는 자유를 만끽할 수 있어요."

나 역시 철부지 시절에는 부모님이 주무시길 기다렸다가 밤에 몰래 바다를 보러 간 적도 있었다. 바다만 보고 올라오는 길에 휴게소에서 마시던 커피는 얼마나 향기롭던지!

유감스럽게도 요즘 내 운전 실력은 정말 '꽝'이다. 고속도로는커녕, 노래를 부를 여유조차 없다(웃음). 운전 연습을 열심히 해서 자신감이 붙으면, 젊은 날의 그 시절로 돌아가서 혼자 새벽 바다를 보러 가고 싶다. 꼭 그런 날이 오길…….

Chapter

가까운 주변부터 출발!

02

Lesson 06 자신에게 딱 맞는 '맞춤'을

자신만의 '나홀로'족 스타일을 추구한다

특급호텔에서 우아한 저녁 식사……, 상상만 해도 근사한 일이지만, 뱁새가 황새를 따라가면 다리가 찢어진다는 속담처럼 스타일만 따라가는 건 절대 금물이다.

호텔에서 나 홀로 시간을 가지려면 엄청난 비용을 감내해야 한다. 물론 혼자만의 시간을 즐기기 위해 악착같이 돈을 모으는 건 나쁘지 않겠지만, 하루의 생활이 행복하지 않다면 그 또한 무슨 소용 있으랴! 이는 말 그대로 주객전도이다. 호텔이라는 스타일이 중요한 것이 아니라, 나 홀로 시간을 통해 자아를 확립하는 일이 으뜸 과제이다. 분명 스타일부터 시작하는 것도 하나의 방법이 될 수 있겠지만, 겉모양에 치중하다 보면 일시적인 유행으로 끝나기 쉽다.

한때 유행하는 라이프 스타일이 아닌, 삶의 철학으로 승화시키기 위해서는 자신에게 맞는 '나홀로'족 스타일을 찾아야 한다.

"그런데, 그 스타일은 어떻게 찾아요?" 하고 묻는 독자들을 위해 몇 가지 포인트를 소개할까 한다.

① 수입에 맞추어라

빚을 내서 나 홀로 시간을 보내는 사람은 물론 없겠지만, 사치는 금물이다. 오래 지속할 수가 없다. 자신의 연령과 수입에 맞는 즐거움을 찾는 것이 기본이다. '나홀로'족은 어디까지나 삶의 철학! 돈을 들였다고 해서 달인이 되는 건 아니라는 사실, 잊지 말자!

② 무리하지 마라

한 번도 가보지 않은 고급 레스토랑을 난생처음, 그것도 '나홀로' 찾으면 긴장한 나머지 분위기는커녕 요리 맛도 느끼지 못할 것이다. 처음부터 너무 무리하지 말고, 자연스럽게 즐겨라.

③ 매일 매일 규칙적으로

평소에는 억척 짠순이로 지내다가 일년에 딱 한 번 특급호텔에서 솔로 우먼이 된다! 물론 그것도 나쁘지는 않겠지만 '나홀로'족은 다이어트처럼 꾸준히 지속해야 효과가 있다.

④ 서두르지 말고, 순서를 정해서

처음으로 나홀로 시간을 갖는 왕초보가 호텔에 머무르면 편안함보다는 외로움을 먼저 느끼게 된다. 처음에는 카페, 다음은 레스토랑으로 시간을 두고서 혼자만의 시간에 서서히 익숙해지도록 하자.

'나홀로'족 스타일은 사람마다 각양각색! 다른 사람의 라이프 스타일이 자신에게 딱 맞을 수 없다. 여기에는 공식이 존재하지 않기 때문에 자신에게 맞는 방법을 찾으면 된다. 마음에 드는 카페에서 갓 볶아낸 에스프레소를 즐기고, 공원 벤치에 앉아서 책을 읽는다. 작은 일이라도 "이것이 나만의 스타일!"하고 당당히 말할 수 있으면, 당신은 이미 '나홀로'족의 달인이다.

예산은 스스로 조달하라

나는 매달 1일, 예산을 짠다.

'이번 달에는 부지런히 뛰어서 레스토랑에서 저녁을 먹어야지!', '이번 달엔 예산이 좀 부족하니까 발 마사지는 한 번으로 끝내자!' 등등의 계획을 짜면서 묘한 희열을 느낄 때가 있다. 정신적인 치유로도 연결되는 '나홀로'족은 공동생활을 쾌적하게 보내기 위한 필요 경비라고 생각한다. 하지만 남편이 애써 벌어온 월급봉투를 혼자만의 시간을 위해 쓴다는 건, 아무래도 내키지 않는 일. 남편에게 부담을 지우지 않기 위해서라도 혼자 힘으로 예산을 모아야 한다.

K씨는 두 자녀의 엄마! 아이들이 초등학교 들어갈 즈음, 재취업을 했다. 다시 직장 생활을 하게 된 가장 큰 이유는 '나도 어엿한 사회 구성원으로 인정받고 싶어서!'. 이해심이 넓은 K씨의 남편은 처음부터 '나홀로'족 비용은 자신이 서포트해 주겠다고 말했다 한다. 하지만 K씨는 남편의 그런 배려를

마다하고 직장을 얻어서 비용을 스스로 마련했다. K씨의 한 달 예산은 약 40만 원. 예산이 넉넉할 때는 마음에 드는 옷을 구입한다고 한다. 덕분에 K씨는 하루하루 자신 있게, 그리고 행복하게 잘 지내고 있다. 그런 K씨의 모습을 본 남편은 "당신 좋아 보이는데."하며 은근히 부러워하는 눈치라고 한다. 또 K씨는 자신의 앞날을 위해 사회복지사 자격증을 취득했다. 노후에 미리미리 대비하겠다며 각오가 새롭다.

돈과 시간을 자신의 뜻대로 쓰지 못하면 스트레스가 쌓인다. 같이 사는 사람이 매사 불만스러운 표정을 짓고 있다면, 그런 투덜이와는 하루도 살고 싶지 않을 것이다. 이상하게도 한쪽이 찌푸린 얼굴을 하고 있으면, 다른 한쪽도 얼굴이 구겨진다. 반대로 행복한 미소를 짓고 있으면 그 미소가 집 안 전체로 퍼진다. 가정의 평화를 위해서라도 예산은 적당한 선에서 책정할 필요가 있다. 특히 자신이 직접 모은 돈이라면 그 누구에게도 눈치 보지 않고 즐겁게 예산을 짤 수 있다. 집집마다 사정은 다르겠지만, 그렇다고 단지 돈 때문에 '나홀로'족을 포기하고, 스트레스만 쌓아간다면 자신을 위해서도, 상대를 위해서도 더 큰 손해가 아닐까?

가족의 이해를 구하는 일도 필요하다

독신이라면 언제나 어디서나 혼자만의 시간을 가질 수 있지만, 결혼했다면 사정은 좀 달라진다. 그렇다고 가족을 위해 열심히 일하고 돌아온 남편이나 토끼 같은 자식을 나 몰라라 하면서까지 나 홀로 시간을 감행하는 것은 규칙 위반이다.

여기에서는 원만한 결혼 생활을 하면서도 혼자만의 시간을 즐길 수 있는 세 가지 규칙을 소개하고자 한다.

① 자신의 현 위치를 분명히 밝혀라

연애 지침서를 읽어보면, '여자는 신비하게 보여야 한다.'고 소개하고 있다. 물론 자신의 세계를 가진 여성은 매력적이지만, 기혼 여성이 지나치게 '미스터리' 하다면 그것도 좀 생각해봐야 할 문제가 아닐까? 비밀이 많으면 상대에게 불신감을 안겨줄 수도 있다.

혼자만의 시간을 가질 때는 반드시 남편에게 자신의 현 위치를 소상히 밝힐 것. 마누라 혼자 술 마시러 갔다는 얘길 들으면, 밤잠 못 자고 덜덜 떨고 있는 남편이 부지기수다. 자신의 위치를 밝혔다고 해서 남편이 당장 찾으러 오지 않을 테니 안심하고 가르쳐주자. 이것은 기본 가운데 왕 기본, 최소한의 룰이다.

② 끝까지 나 홀로

레스토랑에서 혼자 밥 잘 먹고 집에 갈 땐 "자기야, 데리러 와줘!" 하고 기사님을 부르는 것도 역시 규칙 위반이다.

시작을 나 홀로 했으면 마무리도 나 홀로! 끝이 아름다워야 훌륭한 '나홀로'족이 될 수 있다. 남편 입장에서도 술 냄새 팍팍 풍기는 부인을 모시러 간다는 건, 그리 달가운 일은 아닐 것이다. 마지막까지 '나는 내가 지킨다.'는 책임감을 가질 것!

③ 귀가 시간을 알려라

결혼 생활을 하면 가족 구성원끼리 생활 패턴이 같이 움직이기 마련이다. 남편이 모처럼 근사한 저녁을 생각하고 있었는데, 부인이 집에 없다면……. 그런 불상사를 미연에 방지하기 위해서라도 남편에게 귀가 시간을 먼저 알려두어야 한다. 정확한 귀가 시각을 알려주면 남편도 안심하고 기다려

줄 것이다.

결혼 생활에서는 상대방 입장에서 다시 한번 헤아리는 일이 중요하다. 자신이 원하지 않는 일은 상대에게도 피할 것. 이를 염두에 둔다면 결혼 후에도 남편의 원성을 듣지 않고 당당하게 '나홀로'족을 즐길 수 있다.

Lesson 07 마이 룸, 마이 드림

맘에 드는 걸로 방 안을 가득

내가 부모님 곁을 떠나 독립을 선언한 것은 27살 때이다. 형제가 없어서 어릴 때부터 내 방을 차지할 수 있었지만 부엌에서부터 화장실까지 온 집안을 나만의 색깔로 입힌 것은 그때가 처음이었다. 집을 구하는 일부터 살림살이까지 제반 경비를 충당하느라, 내 통장 잔고는 이미 바닥을 드러냈고, 꼼꼼하게 소품을 고를 시간도 없어서 대충 구색만 갖추어 두었다. 처음에는 그런 것들에 별로 마음을 두지 않았지만, 점차 집에 익숙해지자 집 안 구석구석이 맘에 들지 않았다. 칙칙한 커튼 무늬, 내 취향과 동떨어진 인테리어, 싸구려 식기류……. 내 스타일이 아닌 살림살이가 시간이 지날수록 눈엣가시처럼 보였다. 나중에는 집에 귀가하는 일조차 우울해져서 일부러 밤늦게까지 약속을 만들 정도였다. 결국 내 집이 아닌, 하숙집 신세로 전락하고 말았다.

'내가 왜 독립했지. 비싼 임대료까지 내면서 말이야! 이렇게 살려고 독립했나?' 하며 생활을 반성하면서 '대충대충' 구입한 살림살이를 처분하기로 맘먹었다. 그리고 내 스타일을 찾아서 꼼꼼하고 깐깐하게 하나씩 장만했다. 디자인은 물론 재질도 생각해 보았고, 조금이라도 내 맘에 들지 않으면 구입하지 않았다. 모든 살림살이를 갖추는 데에는 상당한 시간과 노력이 필요했지만 점점 꿈에 그린, 나만의 성으로 탈바꿈하고 있었다. 양치질 컵이나 수건걸이 등등 사소한 일용품에도 신경을 많이 썼다. 오랜 정성과 노력 끝에 드디어 내 꿈을 이루어주는 나만의 공간을 가질 수 있었다. 성이 다 지어진 뒤에는 나만의 성으로 빨리 돌아가서 편안하게 쉬고 싶다는 일념으로 귀가 시간도 훨씬 앞당겨졌다.

자신이 가장 많은 시간을 머무르는 방은 몸과 마음의 피로를 동시에 풀 수 있는 최고의 공간이다. 누구의 간섭도 받지 않고 자신의 세계를 만들 수 있는 유일한 장소다.

매일 생활하는 공간이기에 사소한 부분도 적당히 타협하지 않았으면 한다. 특히 재택근무를 하는 사람의 경우, 방에서 생활하는 시간이 길기 때문에 더 꼼꼼하게!

좋아하는 것들에 둘러싸여 있으면 마음이 풍요로워진다. 자신이 좋아하는 것은 볼 때마다 눈이 즐겁고, 사용할 때마다 애착이 간다. 품질이 좋은 것은 가격이 약간 비싸더라도 오래오래 아끼며 쓸 수 있어서 결국에는 득이 될 때도 많다. 반면에 '싸니까' 충동 구매한 제품은 금세 싫증나기 마련이다.

값싼 제품을 자주 구입하기보다는 좋은 제품을 딱 하나만 구입하자. 이는 단순하지만 근사한 나만의 공간을 꾸미는 으뜸 비결이다.

홈웨어에 대한 집착

일할 때는 어김없이 연한 화장에 깔끔하고 단정한 정장을 입고 있다. '직장 여성의 전투복'이라고 하면 연상하기가 쉬울까? 평소 같은 스타일의 정장만 고집하는 탓에 '오늘은 푹 쉬자'라고 정한 날은 편안한 홈웨어로 종일 지낸다. 다만 장시간 몸에 걸치고 있기 때문에 한 치의 양보도 없이 깐깐하게 선택한다. 물론 평일 날 집에서 쉴 때는 나 홀로 시간이지만, 나에게 예쁘게 보이려고 한껏 멋을 낸다.

솔직히 고백하자면, 부모님과 함께 살 때는 너덜너덜해진 티셔츠에 무릎 나온 바지를 입고 집에서 종일 뒹굴었다. 세수도 하지 않은 얼굴로 종일 텔레비전 리모컨만 못살게 굴었다.

그런데 홈웨어에 집착하게 된 것은 독립 선언을 한 뒤부터다. 부모님과 함께 살 때는 택배 아저씨가 오거나 갑자기 누가 집에 방문했을 때 굳이 내가 뛰어나가지 않아도 괜찮았지만, 나 홀로 생활하다 보니 사정은 달라졌다. 부스스한 차림을 타인에게 들키는 것만큼 창피한 일도 없는 것 같다. 더욱이 혼자 생활하다 보니 자신에게 한없이 관대해지는, 아니 너무 관대해져서 막가파로 전락할까 봐 덜컥 겁이 나기도 했다. 파자마 차림으로 가게에 간다면, 하는 생각을 하니까 갑자기 무서워졌다. 그래서 '나 홀로 시간에도 나를 위해 예쁘게 단장을 하고 있어야지.' 하고 마음을 고쳐먹게 되었다.

홈웨어에 집착하기 시작하자, 재미난 사실을 하나 발견했다. 내가 고른 홈웨어에는 어릴 적 나의 꿈이 녹아 있었다. 나는 평범한 얼굴에 옷차림도 튀는 걸 싫어하는 편이다. 조금만 화려한 옷을 입어도 시선이 온통 옷에만 집중되는 것 같아서 항상 튀지 않는 차림을 고집한다.

하지만 어릴 적 내 꿈은 '공주!' 순정 만화의 주인공처럼 레이스 달린 공주 옷에 푹 빠져 있었다. 그러나 그런 하늘하늘한 공주 옷이 나에게 어울리지 않는다는 사실은 누구보다 잘 알고 있기 때문에 내가 먼저 그런 옷은 피했다. 그런 불만을 해소시켜 준 것이 바로 홈웨어이다. 타인을 의식하지 않아도 되니까, 내 취향을 그대로 반영할 수 있었다. 물론 진짜 공주옷은 입을 수 없지만(웃음), 알록달록 색깔에 화려

한 디자인의 옷을 많이 갖고 있다. 내가 좋아하는 홈웨어를 입는 순간 '나는 야, 세리 공주!'

하루 종일, 기분 좋게 자신을 바라보고 싶다면 홈웨어에 집착하라. 다른 사람의 이목을 신경 쓰지 않는 자신만의 시간에 바로 자신을 위해 예쁘게 꾸며라. 그러면 하루가 행복해질 것이다.

Marshall

언제나 어디서나

주택 사정도 있어서 개인적인 공간을 확보하는 일은 쉬운 일이 아니다. "내 방이 없으니까, 집에서 '나홀로'족은 불가능해요." 하고 투덜대는 사람은 크나큰 착각! 혼자만의 공간은 굳이 방이 아니어도 된다. 특히 부엌은 강추할 만한 공간이다. 사람에 따라서는 방보다 부엌에서 마음의 안정을 찾는 사람도 있다.

주부인 나는 매일 부엌에 선다. 냉장고 문을 열고 '오늘 저녁은 뭘 해먹지.' 하며 재료를 끄집어낸다. 부엌칼을 들고 열심히 야채를 다듬고 있으면 신기하게도 마음이 편안해진다. 정신통일 덕분일까, 무를 자르면 '무無'의 경지에 오르는 느낌! 더욱이 평소 잘 해먹지 않는 특별 요리를 준비하는 동안에는 더 그러하다. 손이 많이 가는 만두를 빚을 때면 집중하는 시간만큼 스트레스도 훨훨 날아간다.

요리의 맛있는 향도 역시 행복한 기분을 자아낸다. 야채와 고기를 보글보글 끓이고 있으면 냄비에서 뭐라고 표현할 수 없는 향이 부엌에 가득 퍼진다. 그 향이 나에게는 아로마에 가까운 치유 효과가 된다. 그런 사실을 깨달으면서 나는 요리가 좋아졌다.

주부 입장에서 보면 가족들을 위해 준비하는 요리는 여간 신경 쓰이는 일이 아니다. 그 나물에 그 밥이 되지 않도록, 오늘은 뭘 해 먹을까, 머리 싸매고 고민한다. 하지만 식사 준비를 힘들고 귀찮다고만 생각하지 말고, 나만의 귀한 시간이라고 생각해보면 어떨까? 그런 발상의 전환을 통해 기분 전환은 물론이고 요리 실력도 껑충, 말 그대로 일거양득이다.

목욕탕도 훌륭한 나만의 공간이 될 수 있다. 우선은 좋아하는 음악과 그날 컨디션에 따라 향이 나는 입욕제를 준비한다. 마음까지 담근다는 기분으로 천천히 욕조에 몸을 맡긴다.

가족이 많으면 매일 밤 목욕 시간을 갖는 건 무리일 테지만, 오후나 주말을 이용하는 것도 하나의 방법이다. 밖이 환할 때 욕조에 들어가 있으면 왠지 호사를 누리고 있다는 생각이 든다. 요즘에는 목욕 시간을 즐기는 상품도 많이 나와 있다. 특히 입욕제는 눈이 즐거울 정도로 종류가 다양하다. 가격도 저렴해서 더 반갑다.

집 안 구석구석을 뒤져보면 나만의 공간을 더 확보할 수 있다. 생각을 조금만 바꾸면 모든 장소가 나만의 공간으로 탈바꿈할 것이다. 그런 장소를 찾는 시간 역시 자신을 되돌아보는 중요한 과정이다.

Lesson 08 혼자를 위한 소품들

디지털카메라로 영상 일기를 쓴다

나는 어딜 가더라도 디지털카메라를 꼭 챙긴다. 사진에 담기는 피사체는 점심에 먹은 샌드위치나 공원의 고양이같이 시시한 것뿐이지만, 직접 찍어 보면 여간 재미난 게 아니다.

디지털카메라를 휴대하면서 바뀐 것은 사물에 대한 관찰력. 호시탐탐 '거리'를 찾아 사방을 살핀다. 덕분에 다양한 사물에 시선이 미친다. 장거리 여행을 떠나면 피사체를 찾느라 여념이 없다.

디지털카메라를 장만하기 전까지만 해도 '사진이야 다 거기서 거기지 뭐.' 하고 대수롭지 않게 생각했지만 한 장 두 장, 사진에 맛을 들이자, '이 사진은 어떻게 나올까.' 하는 호기심이 발동했다. 근사한 풍경 사진을 찍기 위해 일부러 산 정상까지 올라가거나, 일출 장면을 찍으려고 새벽같이 일어난 적도 있다. 이런 변화에 무엇보다 내 스스로가 가장 많이 놀랐다.

외출 건수도 늘었다. 휴일이면 리모컨만 못살게 하기 일쑤였는데, 디카 덕분에 상당히 부지런해졌다고 할까?

카메라를 손에 들고만 있어도 왠지 기분이 좋아진다. 우선은 유행에 동참한다는 느낌이 들어 좋고, 삶의 거리가 늘어나는 것 같아서 신이 난다. 또 시간을 내기도 좋아서 '나홀로'족에게는 필수 아이템으로 강력 추천하고 싶다.

한 여성 중에 디지털카메라 예찬론자가 있다. 그녀는 단순히 사진 촬영에서 끝나는 것이 아니라, 자신의 블로그에 그날 일기와 함께 사진을 게재해서 불특정 다수에게 공개한다. "누군가가 내 사진을 본다는 생각을 하면 더 공들여서 찍게 되는 것 같아요!" 하며 미소 짓는 그녀의 모습은 언제 봐도 에너지가 넘친다.

실은 나도 모 사이트에 일기 일부를 공개하고 있는데 대부분이 고양이 애기뿐이다. 그래도 재미나게 읽었다고 메일을 보내는 분이 가끔 계신다. 일기는 내 모습이 그대로 비춰져서 굉장히 친근하게 느껴진다면서. 전혀 몰랐던 사람과 일기를 통해 커뮤니케이션이 탄생하는 순간이다. 아날로그 인간인 나로서는 그저 감탄할 따름이다.

조그마한 디카가 안겨다 주는 기분 좋은 변화는 어쩌면 혼자이기에 가능한 것인지도 모르겠다. 친구랑 함께하다 보면 번갈아 가면서 인물 사진 찍느라 디카의 진정한 묘미를 느끼지 못할 테니까.

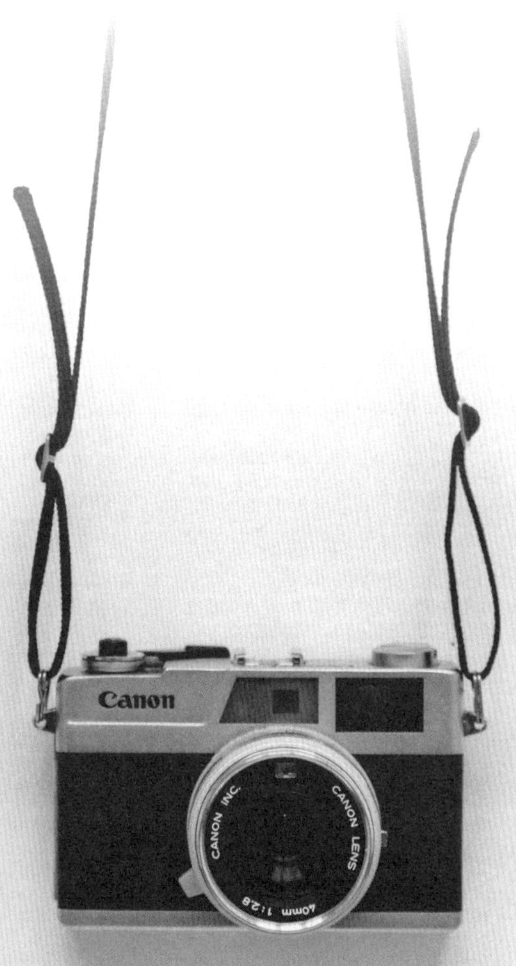

노트로 마음을 세탁한다

혼자만의 시간을 가질 때 반드시 지참하는 것은 노트!

집필 기획이나 재미난 추억 등등, 생각나는 대로 적어둔다. 노트에 작은 주머니가 달려 있어서 음식점 명함을 넣어두기도 편리하다. 물론 휴대전화에 메모 기능이 첨부되어 있지만 글은 손으로 직접 써야 제맛이 난다. 나는 이 노트를 '나홀로족 노트'라고 부르며 애지중지하고 있다.

지금은 노트에 적힌 내용이 그리 무겁지 않지만, 예전에는 미래에 대한 불안, 친구 문제 등으로 노트가 어둡게 드리워져 있었다. 감정을 날것 그대로 표현한 날도 있는가 하면, 그날의 심리 상태를 유행가 가사에 빗대어 표현한 날도 있었다. 지금 다시 읽어보면 '무엇 때문에 이런 고민을 했을까?' 싶을 정도로 얼굴이 붉어지는 내용도 있다. 하지만 뭔가를 쓰는 행위는 마음을 세탁하는 데 효과 만점인 것 같다.

사람들은 뭔가 고민이 생기면 친한 친구를 먼저 찾는다. 나도 언짢은 일이 생기면 고민 상담을 자청하는 친구에게 달려간다.

'이 친구라면 내가 무슨 얘길 해도 괜찮아!' 하는 듬직한 친구가 곁에 있으면 다행이지만, 상대를 믿고 솔직하게 고백했다가 낭패를 보는 경우도 있다. 친한 친구라고 믿고서 얘기했더니, 뒤에서 내 험담만 늘어놓던 친구. 지금은 내 모든 허물을 보여줘도 흉보지 않는 친구가 확실하게 곁에 있지만, 예전에는 수많은 시행착오를 거듭했다. 그래서인지 고민거리가 생기면 친구보다는 노트에게 더 쉽게 고백하게 된다.

혼자 카페에 들어가서 마음의 응어리를 노트에 전부 토해내자. 두서없이 생각나는 대로, 펜 가는 대로. 노트에 감정을 적어나가기만 해도 마음이 한결 시원해진다. 마음이 정리되고 다음에 어떻게 행동해야 하는 감이 잡힐 때도 있다. 마음을 활자로 드러내는 방법은 심리학적으로도 꽤 효과적인 방법이라고 한다.

마음이 복잡할 때, 하지만 누구에게 말하기는 곤란할 때, 노트와 대화를 나누어 보라. 상대는 노트니까 비밀이 누설될 염려도 없다. '나홀로족 노트'는 가장 믿을 수 있는, 훌륭한 카운슬러이다.

혼자 시간에는 자신의 내면을 들여다볼 수 있다. 이때 마음 한구석을 차지하는 고민거리를 노트에 적고 구겨진 마음을 쫙쫙 펴보자. 다림질한 마음은 몰라보게 윤이 날 것이다.

맘에 드는 책을 보고 또 보고

감명 깊게 읽은 책은 누구나 한두 권쯤은 소장하고 있을 것이다. 나도 직업상 책을 가까이 하다 보니, 책장에는 항상 책이 수북이 쌓여 있다. 며칠 전에는 마음을 굳게 먹고 수북이 쌓인 책을 헌책방에 팔았다. 그중에 몇 권은 끝내 미련을 버리지 못하고, 다시 헌책방에 가서 사 오고 말았다. 바보 같은 내 행동에 웃음이 나지만, 정말 마음에 드는 책은 읽어도 읽어도 싫증이 나지 않는다. 같은 책이라도 언제 읽었는지 연령이나 상황에 따라 감동의 폭이 다르다. 특히 혼자 시간에 집 밖에서 책을 읽다 보면, 예전에 깨닫지 못했던 많은 사실을 새록새록 발견할 때도 있다.

어느 날 '나홀로'족 시간을 즐기고자 책장에서 한 권의 책을 집어 들었다. 내가 제일 좋아하는 작가의 소설집. 결말은 이미 알고 있지만, 읽을 때마다 감동이 다르다. 그날 점심은 코스 정식이었기 때문에 디저트가 나오기 전에 본문의 반 이상을 읽었다. 그런데 책의 맨 마지막 후기를 읽는 순간 나도 모르게 눈물이 나오는 게 아닌가! 후기에는 작가가 소설을 썼을 당시의 심정이 담담하게 그려져 있었는데, 내 자신의 힘든 상황과 맞물려서 그런지 작가의 말에 진한 공감이 갔던 것이다.

솔직히 말하면 본문까지는 열심히 읽지만 후기는 대충 건너뛸 때가 많았다. 내가 글을 쓰면서 알게 된 사실이지만 비교적 제약 없이 쓸 수 있는 후기는 글쓴이의 체취를 물씬 느낄 수 있다. 그렇게 소중한 부분을 놓치고 살았다니! 이후 어떤 책이라도 머리말과 후기는 정독하고 있다.

직장에 다니면서부터 책을 읽는 장소는 전철이나 버스가 대부분이었다. 이동 중에 하는 독서는 아무래도 '빨리 읽어야지.' 하는 마음이 앞서서 페이지를 넘기기에 급급하다. 또 나누어 읽다 보면, 앞서 읽은 부분에 대한 느낌이 반감되기 쉽다. 물론 전철 안에서 읽는 재미도 쏠쏠하지만, 생활감이 느껴지지 않는 외딴곳에서 책을 읽다 보면 또 다른 감동을 느낄 수 있으리라.

혹시 책장 구석에서 잠자고 있는 책이 있다면, 밖에 들고 나가서 읽어보자. 한 번도 본 적 없었던 그 책의 매력을 분명 발견할 수 있을 것이다.

Lesson 09 오늘부터 시작하는 '나홀로'족 데뷔기

혼자 가는 소풍으로 계절을 만끽한다

휴일 아침, 평소보다 조금 늦게 일어나 커튼을 살짝 열어젖힌다. 햇볕이 기분 좋게 내리쬔다 싶으면 나 홀로 소풍을 준비한다. 그렇다고 차를 타고 멀리 여행을 떠나는 것은 아니다. 편안한 차림으로 소풍을 떠난다. 집 근처 공원으로…….

마음 내켰을 때, 바로 떠날 수 있는 것이 혼자 가는 소풍의 묘미이다. 준비물은 그날 기분에 따라 간단한 음식, 음료수(내지 술) 그리고 새로 구입한 책! 공원을 한 바퀴 돌면서 눈에 익은 강아지와 인사를 나눈 뒤, 벤치에 앉는다. 분수를 바라보면서 목을 축인다. 내친김에 맥주 캔을 들이킬 때면 한층 기분이 고조된다.

'아, 이 순간을 위해 뼈 빠지게 일했구나!'

품에 끼고 간 책을 읽다가 스르르 눈이 감기면 잠시 단잠에 빠진다. 산책하면서 책을 읽는 일은 누구나 할 수 있는 일이지만, 아무나 즐길 수 있는 일은 아닌 것 같다. 시간이 없으면 마음의 여유가 없을 것이고, 시간만 많으면 경제적인 여유가 없을 테니까.

혼자 가는 소풍을 즐기면서 한 가지 깨달은 사실이 있다. 자연의 존재! 나는 거대 도시에 살고 있지만 공원에서 바라보는 도시는 그래도 자연이 남아 있다.

아스팔트 틈 사이에 핀 민들레, 이름 모를 나무의 새순, 콩알만 한 곤충들……. 혼자가 되면 도시를 이미 떠났다고 생각했던 자연이 마치 마법처럼 눈에 들어오기 시작한다. 소리에도 민감해져서 나뭇잎 부딪치는 소리나 새소리가 귀를 간지럽힌다.

오감으로 자연을 만끽하다 보면 어느새 나도 자연의 일부가 된다. 대개 소풍이라고 하면 연인이 함께하는 낭만적인 데이트를 떠올릴 것이다.

파트너와 함께 가는 소풍도 재미있겠지만, 상대방에게 신경 쓰다 보면 주위 풍경을 놓치기 쉽다. 진정으로 자연을 느끼고 싶다면 공원으로 소풍을 가자, 나 홀로!

"나 홀로 소풍이라고요? 쓸쓸하지 않아요?" 하고 미덥지 않은 눈길을 보내는 사람도 있을 것이다. 하지만 눈부신 태양 아래에서 발견하는 것들은 '왜 진작 나오지 않았어.' 하며 당신을 환상적인 세계로 인도해 줄 것이다.

나 홀로 식탁

당신은 매일 '어떻게' 먹고사는가? 나는 하루에 세 끼 식사를 챙겨 먹고, 일 년에 1,095회 식사를 하고 있다. 매끼마다는 무리지만, 하루에 한 번 정도는 우아한 식사 시간을 즐기려고 노력한다.

"요즘같이 바쁜 세상에 언제 우아하게 챙겨 먹어요? 그럴 시간이 있으면 잠을 더 자지……."

한때는 나도 그렇게 생각했다.

왕초보 프리랜서 시절, '일이 끊기면 어쩌지?' 하는 걱정이 앞서서 물불을 가리지 않고 일을 받았다. 덕분에 잠은커녕 제대로 밥 먹을 시간도 없어서 어떨 땐 초콜릿으로 하루를 연명한 적도 있었다. 항상 편의점에서 사 온 패스트푸드에 그나마 그것도 빨리빨리 입에 넣고서 다시 컴퓨터 앞에 앉는 끔찍한 생활이 몇 달 지속되었다. 그러던 어느 날 밤, 너무 배가 고파서 먹을 걸 찾으러 냉장고 문을 여는 순간 갑자기 위경련이 일어났다. 나는 119의 도움으로 응급실로 이송되었고, 과도한 스트레스로 인한 급성위염이라는 진단을 받았다. 그 뒤 일을 정리하고 규칙적인 식사 시간을 가졌더니, 위염은 깨끗하게 완치되었다. 쓰라린 경험이었지만 먹거리의 소중함을 깨달은 좋은 계기였다.

더욱이 식사 시간뿐만 아니라, '어떻게' 먹느냐에도 공을 들이게 되었다. 예를 들면, 혼자 밥을 먹을 때는 설거지하기 귀찮아서라도 일회용 나무젓가락에, 일회용 플라스틱으로 대충 때우기 십상이지만, 설령 패스트푸드라도 예쁜 그릇에 옮겨 담아서 우아하게 먹는다는 게 내 신조다. 혼자서 플라스틱 채로 먹고 있으면 비참한 기분이 들기 때문이다. 인공적인 플라스틱은 진한 고독감을 자아내고 궁상맞은 기분만 부채질한다. 하지만 예쁜 도자기 그릇에 옮겨 담으면 보기도 좋고, 맛도 살아나는 것 같다. 무엇보다 넉넉해지는 기분이 먹는 이로 하여금 기분 좋게 만든다. 물론 설거지는 조금 귀찮지만 그래도 축 처진 어깨로 밥 먹는 것보다는 훨씬 낫지 않을까?

이때 앙증맞은 수저통과 식탁보를 준비하면, 식탁이 한결 화사해진다. 여유가 되면 계절감을 느낄 수 있는 꽃 한 송이를 식탁에 장식해보자.

자신을 위해 식탁을 예쁘게 꾸미는 일, 생각보다 훨씬 가슴을 설레게 한다. 레스토랑에는 바로 갈 수 없지만 집 안의 식탁 위라면 언제든지 가능하다.

한밤은 당신만을 위한 비밀 시간

학창 시절, 크리스마스이브 때나 12월 31일 밤은 친구들과 밤새워 놀면서 수다를 떨었던 기억이 난다. 고요한 세상에 나 혼자만 깨어 있는 것 같아서 묘한 기분에 사로잡히곤 했다. 직장 생활하면서도 밤새는 걸 굉장히 좋아해서 다음 날 쉬는 날이면 그날 아침부터 '오늘 밤엔 뭐 하고 놀지?' 하며 들뜬 가슴으로 지냈다. 특히 부모님과 함께 생활할 때는 혼자만의 시간을 만끽할 수 있는 심야를 굉장히 좋아했다.

결혼한 친구들끼리 만나면 이런 얘기를 주고받는다.

"결혼하고 아이가 생기면, 좋은 때는 다 간 거지. 내 개인 시간은 전혀 없으니까!"

아침부터 밤까지 청소, 빨래, 요리……. 하루 24시간, 주부들은 가족을 위해 희생한다.

나도 결혼 초기에는 가사 일에 시달려 거의 제정신이 아니었다. 결혼 전에는 혼자 살다 보니 집안일이 힘든 줄 몰랐는데, 실제 결혼을 하고 살림하다 보니 정말 장난이 아니었다. 게다가 재택근무까지 했으니, 혼자만의 시간은 엄두도 내지 못했다. 좋아하는 레스토랑에 가고 싶어도 겨우 짬을 내서 찾아가면, "죄송합니다만, 영업시간이 끝났는데요."

그날도 짓누르는 스트레스에 짜증 내며 텔레비전을 켰다. 마침 어릴 적 감명 깊게 보았던 〈오즈의 마법사〉가 방영되고 있었다. 영화를 멍하니 보고 있자니, 어릴 적 부모님께 들키지 않으려고 불도 다 끄고 볼륨을 최대한 줄여서 가슴 조이며 텔레비전을 시청했던 추억이 떠올랐다. 그때 문득 스치는 생각이 있었으니!

'낮 시간을 쓸 수 없다면, 심야 시간을 즐기면 되잖아. 그리고 집 밖에서만 즐길 수 있는 건 아니잖아!' 하며 발상의 전환을 꾀했다.

'하지만 한밤중에 깨어 있으면 피부가 나빠질지도 몰라. 아냐, 아냐, 스트레스 폭발로 피부가 상처받는 것보다는 훨씬 나을 거야!'

가족이 모두 잠자리에 든 야심한 밤, 이 시간만큼은 자신이 듣고 싶은 음악이나 영화를 맘껏 즐겨보자. 이때 아로마 양초를 준비하거나, 가벼운 알코올을 곁들이면 기분이 한결 고조된다. 술이 약한 사람은 최면 효과가 있는 허브티를 추천할 만하다. 짧은 동안이라도 '혼자만의 시간을 가졌다.'는 만족감이 평소 스트레스를 가볍게 날려줄 것이다.

가족이나 친구에게도 비밀로 하고 싶은 나만의 '비밀 시간'. 설령 꼬박 밤을 새웠다고 해도 혼자만의 시간이 가져다주는 치유 효과로 상쾌한 아침을 맞이하리라.

Lesson 10 데뷔는 카페에서

우선은 카페에서 시작하자

아주 오래전의 일이지만, 취재차 뉴욕을 방문한 적이 있었다. 아침부터 1분 1초를 아끼며 일을 마무리했던 터라 나와 카메라맨은 굉장히 지쳐 있었다. 그때 현지 코디네이터가 우리를 데리고 간 카페가 있었으니, 바로 '스타벅스'이다. 지금은 세계 어디를 가나 흔히 볼 수 있는 커피 전문점이지만, 당시 일본에서는 그런 분위기를 접해보지 못했던 터라 매장에 들어서자마자 근사한 분위기에 압도당했다. 게다가 가격 면에서도 그리 엄청난 가격은 아니었던 걸로 기억한다. '이런 커피 전문점이 우리나라에도 있었으면' 하고 가장 큰 사이즈의 카푸치노를 마시면서 생각했다. 아니나 다를까, 스타벅스는 일본에 상륙했고 혼자서 편안하게 커피를 마실 수 있는 멋진 카페의 신호탄이 되었다.

나는 스타벅스의 등장으로 '나홀로'족이 눈에 띄게 늘었다고 생각한다. 그 뒤 다양한 형태의 카페가 문을 열기 시작했고, 요즘은 수많은 '나홀로'족의 눈을 즐겁게 해주고 있다. 조금 지쳤다 싶으면 갓 볶아낸 커피 한 잔의 여유!

카페는 혼자만의 시간을 가벼운 마음으로 즐길 수 있는 최적의 장소이다. 주위를 둘러보면 혼자 폼나게 앉아있는 그녀들이 많아서 기죽을 일도 없다. 가격 면에서 엄청난 부담이 되지 않는다는 사실도 내세울 만한 장점.

꽤 오래전에 한 통의 메일을 받았다. 내용인 즉, 혼자 음식점에 가서 밥을 먹고 싶지만 좀처럼 용기가 나지 않는다는 거였다. 한 번도 혼자 레스토랑에 가본 적 없는 사람이 갑자기 분위기 있는 레스토랑에 들어가면 문 앞에서부터 주눅이 든다. 그런 상황에서는 혼자만의 시간을 즐기기는커녕 긴장감에 오히려 스트레스만 쌓이기 쉽다. 그래서 단계가 필요하다는 것. 나는 메일을 보내주신 분께 "카페에서 한번 시작해 보시는 건 어떨까요?"라는 제안을 했다. 며칠 뒤 다시 보내온 메일에서 그분은 처음으로 카페에 혼자 갔는데, 커피값을 계산하려는 손이 떨려서 혼났다는 얘기를 솔직하게 전해주셨다.

왕초보 '나홀로' 씨의 첫 데뷔는 가슴 떨리는 모험이다. 아무리 쉽게 찾을 수 있는 커피 전문점이라 하더라도, 커피 주문조차 얼버무리기 일쑤다. 그런 그녀도 지금은 훌륭한 '나홀로'족의 일원이다. 아직 혼자 떠나는 여행은 가보지 않았지만 어떤 레스토랑이라도 두려움 없이 당당하게 즐길 수 있다고 한다.

그녀들이 홀로 모이는 카페는 자신이 이상형으로 삼을 만한 멋진 그녀가 많이 있다. 맛있는 커피를 마시면서 달인의 행동을 공부할 수도 있다.

부디 좀 더 많은 분이 카페에서 수다가 아닌, 진정한 멋을 느껴 보시길…….

시간 가는 줄 모르는 복합형 카페

거리를 거닐다 보면 이색적인 카페가 눈길을 손짓한다. 하지만 선택지가 늘어날수록 어떤 카페를 엄선해야 좋을지 고민이 생기는 것도 당연한 일.

카페에 들어가서 혼자 차를 마시는 일에는 익숙해졌지만, 차 마시는 것 말고는 시간을 어떻게 보내야 할지 모르겠다는 분들에게는 복합형 카페를 추천하고 싶다. 복합형 카페란 책방과 카페가 만나서, 혹은 미술관과 카페가 만나서 생긴 퓨전 카페를 말한다. 일반적인 카페에서는 차를 마시는 일이 전부이지만, 복합형 카페에서는 그림을 감상하거나 좋아하는 책을 읽는 식으로 덤으로 즐길 수 있는 것이 매력이다.

책이나 그림에 푹 빠져 있다가 문득 커피잔이 비어 있다는 사실을 깨달을 만큼, 시간 가는 줄 모르고 즐길 수 있다. 특히 클래식한 그림을 감상한 뒤, 그 여운과 함께 마시는 갤러리 카페는 인기가 수직 상승하고 있는 듯하다. 또 미니 도

서관을 갖춰 놓은 북카페도 다양한 책을 읽을 수 있어서 책을 좋아하는 그녀들에게 열렬한 호응을 얻고 있다. 그 밖에도 강아지 카페, 드레스 카페 등등, 이색 카페가 잇달아 문을 열고 있다.

내가 요즘 즐겨 찾는 카페는 마사지 카페. 예약하지 않은 채 마시지를 받으러 가면 대기실에서 기다려야 하는데, 차를 마시면서 기다릴 수 있게끔 카페가 갖추어져 있다. 가벼운 식사도 마련되어 있어서 점심을 겸해 마사지를 받을 수 있다. 물론 카페만으로도 이용이 가능하기 때문에 기분 전환을 하고 싶을 때 자주 찾는다.

본래 카페라는 곳은 잠깐 동안의 치유를 구하는 장소로 특별하게 뭘 하지 않아도 되는 곳이다. 지나가는 사람을 멍하니 바라보거나 커피 맛에 취하는 것만으로도 충분하다.

하지만 혼자만의 시간을 처음 갖는 초보자들에게는 카페에서 시간 보내기가 그리 쉬운 일은 아니다. 이런 분들은 시간 활용법을 배운다는 의미에서 이색 카페를 부지런히 찾아다녀보자. 분명 발품을 팔수록 편안하면서도 자연스럽게 카페의 멋과 맛을 즐길 수 있을 것이다.

호텔 커피숍으로 업그레이드

맞선이나 격식을 갖춰서 첫 대면을 가져야 하는 경우 우리는 호텔 커피숍을 이용한다. 나도 호텔 커피숍을 선호하는 편인데, 호감이 가는 솔직한 이유는 '럭셔리'한 분위기 때문이다.

웨이터의 안내를 받으면서 자리에 앉으면 정갈한 테이블과 고급스런 커피잔이 제일 먼저 눈에 띈다. 게다가 향긋한 커피는 맛도 일품이다. 대부분의 호텔은 입지가 좋기 때문에 밖으로 보이는 경치는 나무랄 데 없다. 나에게 호텔 커피숍은 마음의 오아시스다.

호텔 커피숍은 잠깐 동안의 휴식뿐만 아니라, 성공을 지향하는 '나홀로'족에게 자기 암시를 심어줄 수 있는 훌륭한 장소이다. 특급 호텔에는 세계 각국의 명사들이 머물고 있다. 라운지에는 명품 양복을 걸친 사업가, 전문직 종사자들로 가득하다. 재미있는 점은 그들 대부분은 '솔로'라는 점. 우르르 몰려온 사람들은 없다. 그들 입장에서 보면 혼자서 행동하는 일이 특별하지 않다. 당연한 일이다. 그 속에 있다 보면 자신도 그들과 같은 동료인 듯 착각을 불러일으킨다. 착각은 진실은 아니지만 자신을 계발하는 효과는 충분하다.

사람은 환경의 영향을 많이 받는다. 나이를 먹어서 학교 친구, 직장 동료만 만나다 보면 그 이상의 성장을 기대하기 힘들다. 성장하고 싶다면 스스로 생활 환경을 바꾸어야만 한다. 이때 자신이 지향하는 수준에 있는 사람들과 만나보는 일이 중요하다. 하지만 사회 명사나 성공인을 만나기란 그리 쉽지 않다. 그렇기 때문에 내로라하는 사람들이 모이는 호텔 커피숍에서 '짝퉁 성공인'이 되어보는 것이다. 일종의 이미지 트레이닝이라고 할까. 그런 장소에 있는 것만으로도 '언젠가 나도' 하는 긍정적인 기분을 맛볼 수 있다. 그러면 실제 행동에도 변화가 생기기 마련이다. 목표를 높이 설정함으로써 이상에 도달하고자 필사적으로 노력한다. 그 노력은 분명 결실을 맺고, 꿈을 현실로 이끌어 줄 것이다.

호텔 커피숍의 커피 값은 동네 커피숍보다 갑절 이상으로 비싸다. 커피 한 잔 가격이 하루 점심값보다 비쌀 때도 있다. 그 가격을 어떻게 받아들이느냐는 개인차가 있겠지만 자신의 자기 계발로 이어질 수 있다면 나름대로 가치 있는 일이 아닐까?

칼럼 2

혼자를 위한 인테리어

혼자만의 시간을 맘 놓고 만끽할 수 있는 '마이 룸'은 심신 모두 편안함을 추구하는 장소. 편안해야 하니까, 매일 사용해야 하니까 깐깐하게!

특히 방 안의 대부분을 차지하는 침대나 소파 같은 대형 가구는 가격도 비싸고 자주 바꿀 수도 없으니까 처음 구입할 때부터 신중해야 한다. 요즘은 혼자 사는 이들을 겨냥해서 디자인이 톡톡 튀는 소파도 많이 나와 있다. 실제 앉아보고 안락한 느낌이 드는 게 최고!

독신 생활을 처음 시작할 때는 들뜬 기분에 식기류를 세트로 장만하기 쉽지만 이것만은 피하자. 매일같이 손님을 초대하지 않는 이상 혼자 밥 먹을 때 쓰는 그릇은 한정되어 있다. 손님이 아닌 자신을 위해 하나라도 마음에 드는 걸 사는 쪽이 쇼핑의 재미도 느낄 수 있다. 이때 같은 브랜드로 구입하면 깔끔하게 정돈된 느낌과 함께 센스 있게 보여서 좋다.

Chapter

혼자 찾아가는 맛집

03

Lesson 11 혼자라서 더 맛있는 맛집 고르기

유명 음식점보다 동네 단골집

낯선 도시에 출장을 가서 시간이 남으면 음식점을 꼭 찾는다. 여행용 안내 책자나 인터넷에서 얻은 정보가 아닌 전적으로 나의 눈과 감을 믿고서 맛집을 찾아가는 것이다. 개중에는 '영 아니올시다' 밥집도 있지만 대개 혼자 즐기기에 적격인 맛집을 골라낸다.

혼자를 위한 음식점의 으뜸 조건은 자그마하면서도 아담한 맛집일 것. 이상적인 규모를 꼬집어 말한다면 카운터가 7, 8석, 2~4인용 테이블이 2개 정도. 이 정도 규모라면 음식점 주인과 서빙 보는 직원 한 명이면 충분하다. 조그마한 음식점은 종업원의 눈이 홀 전체를 주시할 수 있기 때문에 혼자 가도 외롭지 않다. 이런 음식점은 대개 1인 고객들이 상주하기 때문에 음식점 측에서 1인 고객을 알아서 모신다. 요리의 양을 1인분에 맞춰 조절해주거나 다양한 맞춤 서비스가 가능하다. 편안하게 자주 찾다 보면 단골이 되는 건 시간 문제.

같은 소규모 음식점이라도 널리 알려진 유명 음식점의 경우는 상황이 좀 달라진다. 소문만 듣고 찾아간 음식점에서 '2인분은 기본'이라는 차림표를 보고 기죽기 일쑤이다. 음식점 주위를 둘러보면 쌍쌍 파티! 음식점 측에서도 1인 고객보다는 같은 시간에 매상을 배로 올려주는 커플 고객을 선호하게 된다. 그래도 찾아가 보고 싶은 음식점이 있다면 사전에 메뉴나 요리의 양을 전화로 체크한 뒤, 방문할 것.

그럼 혼자만을 위한 맞춤 맛집을 제대로 골라내는 포인트를 알아보자.

① 입구가 좁은 음식점

입구가 좁은 음식점은 대개 소규모 음식점. 규모가 작은 조촐한 음식점은 단체 손님을 타깃으로 하지 않기 때문에 1인 고객에게 인심이 후하다. 간혹 입구만 좁고 음식점 내부는 대형 뷔페 홀을 방불케 하는 곳도 있다. 우선은 건물 전체를 보고 판가름하는 것이 효과적인 방법이다.

② 상권 한가운데 위치한 노포老鋪

유동 인구가 많은 상가에서 오랫동안 영업을 하고 있다는 건 지역 주민들에게 사랑받고 있다는 증거이다. 편안하게 찾을 수 있다는 점에서 단골 고객도 눈에 띈다. 낯선 도시라면 사정이 달라지겠지만 그 지역 토박이라면 아늑한 맛집을 금세 찾을 수 있을 것이다.

문을 열고 음식점에 들어가는 순간, 누구나 긴장하기 마련이다. 긴장감 감도는 짜릿한 기분을 꼭 즐겨 주시길!

처음에는 동네 탐방에서 시작해 점차 행동반경을 넓혀가도록 하자.

카운터가 있는 음식점을 선택하자

혼자라서 더 맛있는 맛집의 필수 조건을 꼽으라면 카운터가 반드시, 꼭 있어야 할 것!

가볍게 찾는 카페를 제외하고 내가 찾는 음식점에는 모두 카운터석席이 마련되어 있다. 우르르 몰려가는 경우에는 나란히 마주 앉아 이야기하기가 좀 곤란하지만 1인 고객에게는 카운터가 상석이다.

카운터 자리의 장점은 이웃 손님과 얼굴을 마주하지 않아도 된다는 점. 요즘은 많이 줄어들었지만 손님들로 북적대는 대형 음식점에서는 전혀 모르는 남남끼리도 합석을 강요하는 곳도 있다. 처음 보는 사람과 얼굴을 마주 보며 식사한다는 건 아무래도 불편하다. 반면에 카운터 자리는 서로 얼굴을 마주 대할 염려가 없어서 맘 편하게 음식을 즐길 수 있다.

음식점에 따라서는 카운터 자리를 앙증맞게 꾸며서 그 자리에 앉아있는 것만으로도 재미가 느껴지는 곳도 있다. 도쿄 시내 한 소규모 일식점에 마련된 카운터 자리는 마치 무대 같다. 매끈하게 다듬어진 카운터, 흑과 적을 배합한 벽면, 간접 조명 아래에서 능수능란한 솜씨로 초밥을 만들고 있는 요리사. 요리사의 진기명기 요리만 보고 있어도 시간 가는 줄 모른다. 즉석에서 만든 초밥을 요리사가 미소로 건넨다. 이런 요리는 카운터 자리에서만 느낄 수 있는 맛이 아닐까?

카운터 자리의 또 하나의 묘미를 꼽는다면 음식점 주인과 나누는 대화이다. 직장 상사 험담, 자신의 꿈 이야기 등은 훌륭한 반주飯酒 안주가 될 수 있을 것이다. 카운터 저편에 서서 이야기를 들어주는 사람은 객관적인 입장에서 상황을 직시할 수 있기 때문에 카운슬러 역할도 톡톡히 해낼 수 있다. 음식점에 들어설 때는 찌푸린 얼굴로 들어오던 손님이 주인과 대화를 나누면서 온화한 표정으로 변해간다. 상처받은 마음을 있는 그대로 토해낸 것만으로도 치유가 된 것일까?

대화를 주고받으면 음식점 분위기도 대충 파악할 수 있고, 주인이 나를 기억해주기도 한다. 그러면서 혼자라서 더 맛있는 맛집으로 만들어갈 수 있는 것이다.

적당한 프라이버시를 지키면서 나눌 수 있는 대화이기에

더 진솔하게 나눌 수 있다. 또한 다른 손님들이 보기에도 쓸쓸해 보이지 않는다는 것도 카운터 자리의 특징이다. 큰 테이블에 혼자 앉아 있으면 아무리 '나홀로'족 정신이 투철해도 궁상맞게 보이기 마련이다. 반대로 카운터 자리에서 술잔을 기울이고 있는 솔로는 누가 봐도 근사하게 비춰진다.

단골 고객만 상주하는 음식점은 피할 것

나도 전에는 단골 음식점이 있었으면 하고 내심 바랐지만 지금은 내 이름을 기억해주는 음식점도 꽤 생겼다. 단골이 되면 메뉴에 없는 요리도 살짝 가져다주고 전망 좋은 자리를 찜해 주는 특전도 부여된다.

단골 고객만 상주하는 음식점, 보기에는 가족 같은 분위기가 좋아 보이지만 혼자 맛있게 먹으려고 음식점을 찾은 손님에게는 그리 추천할 만한 음식점이 못 된다. 음식점과 손님 사이에 적당한 거리감이 유지되고 있다면, 음식점을 찾는 동안에 자신도 자연스럽게 단골 고객이 될 수 있지만, 음식점 분위기가 손님의 프라이버시가 보장되지 않을 정도로 허물없다면 사정은 달라진다. 그런 음식점은 단골이 되는 것도 어려울 뿐만 아니라, 설사 단골이 되었다 해도 불편하다. 가족같이 편안한 분위기의 맛집이라는 추천을 받고 찾아간 곳에서 자신만이 외딴 이방인 같은 소외감을 맛볼 수도 있다.

실은 나도 비슷한 경험을 한 적이 있었다.

장소는 어느 자그마한 음식점. 그곳에는 단골 손님과 음식점이 하나가 되어 자아내는 독특한 분위기가 가득했다. '아니야!' 하며 바로 일어서려고 했는데, 여주인이 끄는 손에 이끌려 다시 앉았다. 하지만 음식을 주문해도 그릇을 던지다시피 툭툭 놓을 뿐, 다른 요리를 시켜도 주인장은 묵묵부답. 다른 단골 손님과 수다를 떠느라고 나에게는 눈길조차 주지 않았다. 나는 주문한 요리를 반 이상 남긴 채 쫓기듯 자리에서 일어났다. 내가 계산하자마자, 잘 드셨냐는 한마디의 인사도 없이 곧장 단골에게로 달려가는 게 아닌가! '다시는 여기 또 오나 봐라!' 하며 얼굴을 붉히며 문을 나섰던 기억이 아직도 생생하다.

단골만 상주하는 음식점은 겉으로 봐서는 알 수가 없다. 문을 열고 직접 부딪쳐볼 수밖에. 들어가서 판별하는 방법은 주인과 손님이 서로 친근한 호칭으로 부르고 있는지, 주인이 손님과 같은 테이블에 앉아 있는지의 두 가지 점을 특히 유의해서 살펴보는 것이다. 이 두 가지 포인트 가운데 하나라도 맘에 걸리면 과감하게 일어나는 것이 현명하다. 협소한 공간에서 느끼는 소외감은 불쾌감만 가중시킬 테니까.

아무리 가까워도 주인은 주인이고 손님은 손님이다. 주인장이 먼저 고객과의 선을 분명히 긋고 고객을 배려하는 곳이 바로 훌륭한 음식점.

처음 방문했지만 단골처럼 따뜻하게 대해 주고, 단골이지만 첫 고객처럼 깍듯하게 모시는 음식점! 이런 음식점은 고객의 연령층도 폭넓고 고객 수준도 높은 것이 특징이다.

음식점의 분위기는 주인 취향을 그대로 따라간다. 그런 의미에서 두고두고 편안하게 찾을 수 있는 음식점을 만나려면 우선은 주인장의 취향과 자신의 감각이 흡사한지 아닌지를 살펴보는 것이 지름길이다.

Lesson 12 처음에는 친한 친구와 함께

우선은 여자친구와 함께 사전답사를 간다

처음 가는 음식점에, 그것도 혼자 들어가려면 대단한 용기가 필요하다.

'나홀로'족 정신을 온전히 이해하고 있는 사람이라면 혼자 행동하는 것이 당연한 일이지만, 현실은 아직도 높은 장벽 투성이다. 솔직히 고백한다면 나도 처음 찾는 음식점에서는 바짝 긴장이 된다.

"나는 좀 더 여유 있게 찾고 싶어요."라고 한다면, 사이가 그다지 가깝지 않은 여자친구와 함께 음식점을 미리 방문해본다. 분위기도 익힐 수 있고, 작은 음식점이라면 한번 찾는 것만으로도 얼굴을 선보일 수 있을 것이다. 이때 중요한 것은 같이 간 친구와의 세계에 몰두하지 말고 음식점을 요리조리 살필 것. 다음은 사전 답사 시 확인해야 할 포인트이다.

① **고객층**

커플 고객만 있는지, 자신과 다른 손님의 연령층이 너무 동떨어진 것은 아닌지 먼저 체크해본다. 한편 하나의 취미를 매개로 해서 음식점과 손님이 밀접한 관계를 맺고 있는 곳도 피하는 것이 무난하다(단, 자신의 취미와 동일할 때는 추천할 만하다). 품위 있는 1인 고객이 여유 있게 음식을 즐기고 있다면 우선은 합격!

② **음식점과 종업원의 분위기**

레스토랑을 흐르는 음악 장르와 볼륨, 차분한 인테리어가 체크 포인트이다. 개인적으로는 귀에 거슬리지 않는 뉴에이지 음악이라면 합격점이다. 웨이터가 단골 고객에게도 깍듯하게 경어를 사용하는지도 확인할 것!

③ **요리의 양**

요즘은 요리의 양을 대 · 중 · 소로 세분해서 갖추고 있는 음식점이 눈에 띈다. 혼자라도 다양한 요리를 맛보고 싶어 하는 1인 고객에게 더할 나위 없이 좋은 기회가 아닐까? 일품 요리의 양이 너무 많으면 다양한 요리를 즐길 수 없다. 차림표에 1인분 사이즈가 명시되어 있지 않아도 1인 손님을 배려해서 양을 조절해 주는 음식점이라면 최고!

④ 음식점 주위의 치안

음식점을 나와서 주위를 잘 살펴본다. 여자 혼자서 걸어도 위험하지 않은 장소인지 확인해 둘 것. 혼자서 즐기기에 딱 맞는 장소라도 귀가 길이 위험한 곳은 절대 안 된다. 험한 이 세상, 자신은 자기가 지켜야 한다.

위에 제시한 포인트를 사전에 확인해두면 실패할 위험은 거의 없다. '나홀로'족 데뷔는 처음이 중요하다. 처음이 나쁘면 다음 단계로 나아갈 수가 없다. 먼저 여우(女友)들과 식사를 즐기면서 음식점 점수를 매겨보는 것이 실패하지 않는 지름길이다.

점심으로 저녁을 예습한다

요즘은 불황 탓인지 유명한 레스토랑도 점심 특선을 푸짐하게 준비하고서 손님을 기다린다. 요리 수준은 저녁과 거의 비슷하지만 가격은 훨씬 저렴하다. 분위기도 부드러움과 우아함이 적당하게 버무려져 처음 레스토랑을 찾는 사람이라도 친근하게 다가갈 수 있다. 특히 점심에는 나 홀로 즐기는 사람이 많아서 초보자라도 가벼운 마음으로 이용할 수 있다. 또 점심시간을 적절하게 활용하면 근사한 저녁을 미리 예습할 수도 있다. 아직 레스토랑에서의 저녁 식사가 부담스러운 사람은 우선은 점심부터 시도해보자.

레스토랑을 찾는 시간은 가능한 한산한 시간을 공략한다. 단체 손님들로 북적대는 12~1시는 피하고, 개점 직후나 1시 30분 이후가 가장 이상적이다. 이 시간대는 웨이터도 여유가 있어서 흡족한 서비스를 기대할 수 있다.

“혹시 저녁 정식 메뉴를 주문해도 될까요?” 하고 여유 있어 보이는 웨이터에게 주문해보자. 분명 두 손 들고 환영해 줄 것이다. 요리가 오길 기다리면서 코스는 1인분도 가능한지, 코스 이외에 어떤 요리가 있는지, 글라스 와인이나 반병도 가능한지를 체크한다. 글라스 샴페인이 있다면 금상첨화! 혼자서라도 ‘나를 위하여.’ 하며 잔을 드는 건 어떨까?

요리의 양은 점심과 저녁이 조금 달라지는 경우가 있다. 또 음식점 분위기도 점심과 저녁이 확 달라지는 곳이 있다. 점심은 평범한 식당 같은데, 저녁에는 촛불로 분위기를 자아내는 레스토랑이 있을 정도. 혼자서 즐길 수 있는 분위기가 아니라면 괜히 움츠려들기 쉬우니까 웨이터를 통해 확실히 분위기 파악하는 것이 중요하다. 그래도 미덥지 못하다면, “혼자 오는 손님은 얼마나 되는지요?” 하고 물어본다. 아마 솔직하게 대답해 줄 것이다.

친구와의 사전답사가 곤란할 때는 점심을 이용하는 것도 효과적인 방법이다.

만약 자신의 스타일이 아닌 음식점이라 하더라도 한 끼 점심 정도라면 투자할 수 있지 않을까?

정보 수집도 하나의 방법이다

거리를 거닐다가 '바로 이 집이야!' 하고 당당하게 들어가는 일은 초보자로서는 상상하기 어려울 것이다. 그렇다고 친구들과 시간 맞추기도 사정이 여의치 않다. 이럴 땐 정보 수집부터 시작해보자. 하지만 정보의 홍수 속에 허덕이는 현대인들은 내 입맛에 맞는 정보를 찾는 것이 쉬운 일은 아닐 터……. 여기에서는 정보 수집의 포인트를 정리해보자.

① 지역의 무료 안내 책자를 활용한다.

우편함에 꽂히는 '우리 동네 맛있는 집' 같은 안내 책자 속에서도 괜찮은 정보를 건질 수 있다. 특히 상가가 밀집된 빌딩이나 아파트 관내에 비치된 안내 책자는 음식점 소개로 넘쳐난다. 소개된 음식점은 걸어서 갈 수 있는 곳이 대부분이다.

책자에 게재된 음식점은 광고주이기도 하다. 그들은 한 달에

한 번 방문해줄까 말까 하는 타지역 고객보다는 쉽게 찾아줄 수 있는 해당 지역 주민들에게 정보를 제공한다. 식사 할인 쿠폰이나 음료수 무료 쿠폰이 첨부된 곳도 있어서 두고두고 쓸 수 있다. 마음에 드는 식당에 직접 찾아가서 주인과 대화를 나눌 기회가 있다면 지역 주민임을 밝혀보자. 금세 단골손님이 될지도 모른다.

② 달인에게 묻는다

뭐니 뭐니 해도 혼자 즐기는 걸 좋아하는 사람에게 '혼자라서 더 맛있는 맛집'을 물어보는 것이 가장 확실한 정보일 것이다.

음식점을 찾았을 때도 소개해준 사람의 이름을 대면 주인도 호의적으로 대해 줄 터. 하지만 그 식당을 자주 찾다 보면 소개해준 사람과 마주치게 될 확률이 높고, 또 얼굴을 보면 모른 척할 수도 없다. 이쯤 되면 또 하나의 수다 친구가 생겨서 혼자만의 시간을 만끽할 수 없을 것이다.

달인에게 배워야 하는 것은 혼자라서 더 맛있는 맛집을 가려내는 테크닉이라는 사실, 잊지 말자.

덤으로 재미있게 음식점 찾는 방법 한 가지!

앙증맞은 노트를 한 권 준비한다. 잡지나 안내 책자에서 입수한 음식점 기사를 오린 다음 노트에 붙인다. 나중에 그 음식점을 방문하게 되면 영수증이나 음식점 명함 등을 같이 붙이고 나름대로 감상을 적어둔다. 이때 음식점 별점은 빠트리지 말고 꼭 매겨둘 것. 세계 어디에서도 구할 수 없는 나만의 음식점 가이드북을 직접 제작할 수 있다. 일단 시작해보면 페이지가 점점 늘어나는 재미도 쏠쏠하다. '열심히 맛집을 찾아봐야지.' 하는 의욕도 샘솟는다. 훗날 읽어보면 일기장을 읽는 듯 감개무량하다.

Lesson 13 자, 문을 열고서

음식점이 좋아하는 고객은?

예전에는 음식점에서 여성 고객을 기피하는 이유 가운데 '시간당 고객 단가가 낮다.'는 점을 무시할 수 없었다. 말하자면 오래 수다 떨고 있는 것에 비해 주문 양은 많지 않다는 것. 하지만 요즘은 여성의 사회 진출이 증가하고 술을 마시는 여성 고객도 늘어남에 따라 고객 단가가 남성과 별 차이가 없어졌다. 더불어 음식점 측의 대우도 몰라보게 좋아졌다. 음식점 주인이 좋아하는 고객은 말할 것도 없이 돈 팍팍 쓰는 고객일 것이다.

언젠가 지인의 단골 음식점에 동행했을 때, 그의 이니셜이 새겨진 냅킨이 테이블 위에 세팅된 걸 보고서 '이다음에 나도 저렇게 대우받는 손님이 되어야지.' 하며 부러워했던 적이 있었다.

'1인 고객'의 경우, 먹는 양이 아무리 많아 봤자 1인분. 돈을 팍팍 쓰고 싶어도 한계가 있다. 다만 조금만 신경 쓰면 돈 왕창 쓰는 고객 못지않게 대접받을 수 있다는 점, 기억해 두자.

① 분위기 파악이 빠르다

같은 음식점이라도 붐비는 시간은 시시각각 변하기 마련이다. 늘 찾아가던 한가한 시간에 갑자기 예약 손님들로 북적댈 수도 있다. 업주 입장에서는 단골 고객도 중요하지만, 앞으로 단골이 될 손님 역시 귀한 존재다. 만약 당신이 그 음식점의 단골 고객이라면 서비스의 질을 따지며 불평하기보다는 상황에 따라, 분위기에 따라 행동하는 요령이 필요하다.

② 예약 시간을 잘 지킨다

음식점 입장에서 상습 지각 손님은 꺼려하는 손님 1호다. 5분 정도라면 상관없겠지만, 예약한 뒤 30분 이상 지체되면 영업에 방해가 된다. 30분 동안 다른 손님이 오더라도 예약 손님이 있으면 그쪽을 우선시해야 하기 때문이다. 예약했다면 반드시 시간을 지키고, 혹시 늦어지면 미리 전화로 알려주는 에티켓을 지킬 것.

③ 다음에 다른 고객과 동행한다

나는 혼자 맛있게 먹을 수 있는 맛집을 찾으면 반드시 친구를 데리고 간다. 그러면 음식점에 만족한 친구는 나중에 혼자서 그 음식점을 다시 찾게 된다. 가끔은 혼자 찾아가는 단골 맛집에서 송년회나 모임을 갖기도 한다. 평소 때는 혼자 찾으니까 큰 매상을 올려주지 못하지만 가끔 우르르 데리고 가면 어깨에 힘이 들어갈 수 있다.

단, 타인에게 음식점을 소개할 때의 주의점은 '사람 가려서' 할 것. 너무 무례한 친구라면, 자신의 이미지도 같이 깎일 수 있을 테니까.

업주 측에서 보면 꼭 금전적인 이익을 안겨다 주는 고객만이 초대하고 싶은 손님은 아닐 것이다. 음식점에서 어떻게 행동하느냐에 따라 초대받은 손님이냐, 꺼리는 손님이냐의 판단 기준이 결정 난다.

최소한 세 번은 찾아가자

유행에 민감한 탓일까? 도심에 즐비한 음식점은 하루가 다르게 개업과 폐업을 되풀이한다. 빠르면 몇 개월도 채 되지 않아 간판이 바뀌는 음식점도 수두룩하다. 톡톡 튀는 개성 만점의 맛집을 찾아다니는 일도 신나고 재미있지만, 맘 편하게 들를 수 있는 단골 식당을 하나쯤 갖고 싶은 것이 인지상정이다.

만약 자신을 알아주는 단골 고객이 되고 싶다면 같은 음식점에 최소한 세 번은 얼굴을 내밀 것. 우연을 가장하지 말고 의식적으로 식당을 찾는다는 인상을 심어주어야 한다.

한 음식점을 처음 찾아가면 누구의 소개가 없는 한, 뜨내기 손님으로 인식되기 쉽다. 그러나 며칠 뒤 다시 찾아가면, 1인 여성 고객은 기억에도 남기 쉬워서 '아, 며칠 전 그 손님이다!'라고 기억해준다. 이후 세 번째 같은 음식점을 찾았을 때 주인은 '우리 가게가 맘에 들었구나.' 하고 호감을 갖게 된다. 음식점과 고객의 신뢰감은 그때부터 싹틀 수 있다.

음식점에는 요일이나 시간대에 따라 다양한 얼굴이 있다. 유독 커플이 많은 날이 있는가 하면, 직장인들로 북적대는 시간대도 있다.

다양한 정보 탐색을 위해서도 세 번 이상은 방문할 것. 또 주인장 성격을 파악하기 위해서도 같은 음식점에 얼굴을 비치는 일은 중요하다.

꽤 오래전의 일인데, 맘에 쏙 드는 중국집이 있었다. 처음 방문한 날 주인장과 친해진 것까지는 좋았는데, 갈 때마다 점점 나를 너무 편하게 생각하는 것이 맘에 걸렸다.

처음 몇 번은 그나마 참을 만했지만 사장 부부가 합심해서 막연한 친구쯤으로 홀대하는 것이었다. 요리도 점점 성의가 없어졌다. 나는 결심을 하고 그 중국집에는 다시는 발을 들이지 않았다. 나만 특별한 대우를 원했던 것은 아니다. 다만 사장이라면 돈을 내고 음식을 먹으러 오는 자신의 고객에 대해 최소한의 룰은 지켜야 한다고 생각한다. 나중에 그 중국집을 찾은 지인에게서 전해 들은 얘기로는 갑자기 발을 끊은 나에게 음식점 주인이 엄청 화를 냈다고 한다. 나는 그 얘기를 듣고서 끊길 정말 잘했다는 생각이 들었다.

훌륭한 음식점은 갈 때마다 새로운 얼굴을 볼 수 있어야 한다. 그것이 요리이든, 주인장의 이야기이든, 단골을 절대 싫증 나지 않게 배려해야 한다. 평생 인연을 맺을 수 있는 맛집 멋집을 얻기 위해서는 깐깐하게 고를 필요가 있다.

사람들과 친하게 지내는 비결

자랑같이 들릴지도 모르지만, 나는 음식점 주인을 비롯해 종업원들과도 쉽게 친해지는 편이다. 서빙 보는 직원들과 친해지면 여러모로 이점이 많아서 혼자서 음식점을 찾는 일도 한결 수월해진다. 하지만 처음 찾아간 음식점에서, 그것도 먼저 말을 걸기란 그리 쉬운 일은 아니다.

우리 소심파 '나홀로'족을 위해, 나만의 커뮤니케이션 방법을 소개하면 다음과 같다.

① 이름을 기억한다

음식점에 따라 다르지만, 웨이터 가슴에 이름표가 눈에 띈다면 부드럽게 이름을 불러준다. "여기요." 혹은 "언니"보다 훨씬 느낌이 좋다. 듣는 종업원도 훨씬 친근감을 느끼며 대해줄 것이다.

나는 처음 방문한 음식점의 경우 주인한테서 꼭 명함을 챙겨둔다. 다음에 찾았을 때 이름을 부르면 사장이 내 얼굴은 잊었어도 '아, 이 손님 예전에도 우리 가게를 찾아 주었구나.' 하며 좋은 인상을 가질 수 있다. 단, 애칭이나 "ㅇㅇ언니"라고 부르는 것은 절대 금물. 상대방의 연령을 불문하고 경어를 구사하는 것이 중요하다.

② 공통 화제를 찾는다

남녀 사이에서도 그러하지만, 공통 화제가 있으면 대화나 인간관계가 한결 부드러워진다. 음식점 안을 훑어보면서 실내 인테리어에 묻어난 사장의 취향을 그려본다. 출신지나 취미 등 사람에 따라 공통 화제는 얼마든지 끌어낼 수 있으니까 음식점의 내부 인테리어를 꼼꼼하게 살펴보자.

③ 매번 같은 것을 한 가지만 부탁한다

가끔 텔레비전 드라마를 보면 "같은 걸로(주세요)"라는 대사를 들을 수 있다. 그러면 웨이터는 더 이상 아무것도 묻지 않고 그 고객이 원하는 요리를 가져다준다. 이는 굉장한 신뢰감이 쌓여야 가능하다.

그런데 이 방법은 주인이나 웨이터에게 자신의 얼굴을 각인시키는 데에도 아주 효과적이다. 매번 같은 요리를 주문하면 웨이터는 그 요리를 볼 때마다 당신의 얼굴을 떠올릴 것이다. 그것이 그 집의 인기 메뉴이든, 아니든 그것은 상관이 없다. 몇 번 가지 않아도 기억에 남는 고객으로 남을 것이다.

혼자서 더 맛있게 즐기려면 우선은 열린 마음의 자세가 중요하다. 위에 소개한 방법 이외에도 자신에게 맞는 커뮤니케이션 방법을 찾아내어 혼자라서 더 맛있는 시간을 가져보자.

Lesson 14 반주 한 잔의 여유를 즐기는 당신은 진정한 '나홀로'족!

안줏거리가 풍부한 곳을 겨냥하라

퇴근길, 거리에 즐비한 음식점에서 가볍게 한 잔! 말끔하게 정장을 차려입은 직장 여성이 밥과 반찬을 안주 삼아 홀짝홀짝 소주잔을 기울이고 있는 광경은 그리 흔한 장면이 아니다. 하지만 단단히 마음먹고 용기를 내보면 진정한 '나홀로'족의 맛과 멋을 느낄 수 있다. 먼저 반주를 즐기는 일이 남성의 전유물이라는 선입견부터 떨쳐 버리는 것이 급선무!

특히 칼국수집이나 부대찌개 전문점의 경우, 낮에는 식사를 즐기는 사람이 대부분이지만 밤이 되면 식사를 안주 삼아 술잔을 기울이는 이가 적지 않다. 아쉬운 점은 이들 대부분이 남성 고객이라는 사실. 하지만 보글보글 찌개에 기울이는 소주 한 잔의 멋을 남성만 느낀다는 건 조금 억울하다는 생각이 들지 않는가?

요즘은 한식 전문점도 옛날과는 많이 다르다. 두드러진

차이점은 깔끔한 실내 인테리어, 간접 조명등을 이용해 꽤 분위기 있는 이색 맛집, 멋집이 많아졌다. 은은한 배경 음악이 깔리는 곳도 있을 정도.

반주를 곁들이기 좋은 한식집은 백반 위주의 메뉴보다는 안줏거리가 풍부한 곳이 좋다. 메인 요리를 시키기 전에 파전에 동동주 한 잔으로 '쏴' 입가심해보는 건 어떨까. 기분 좋게 알딸딸해졌다 싶으면 칼국수 한 가닥으로 깔끔하게 마무리한다. 이쯤 되면, '나는 야, 특별한 '나홀로'족'라는 자부심이 느껴질 것이다.

맛있는 안주에 좋아하는 술 한 잔, 알딸딸 기분에 취하면 세상 모든 시름은 싹!

더 이상 드라마 속의 주인공이 아니다. 당신도 폼나게 즐길 수 있다.

반주 한 잔의 여유를 200% 즐기려면

거리에 넘쳐나는 것이 음식점, 그중에서도 가장 흔히 찾을 수 있는 곳이 한식집이지만 느긋하게 반주를 곁들이려면 나름대로 노하우가 필요하다.

아래 소개하는 포인트를 참고해서 임도 보고 뽕도 딸 수 있는 식사 시간을 즐겨보자.

① 첫 방문이라면 주말 개점 직후에 찾아라

사무실이 밀집된 곳에 위치한 한식집은 평일에는 직장인들로 북적댄다. 특히 점심 시간대는 자리 잡기도 하늘의 별 따기! 저녁에도 가볍게 한잔 걸치려는 직장인들로 붐비기 일쑤다. 따라서 혼자 가서 더 맛있게 먹고 마시려면 주말 개점 직후 혹은 이른 저녁 시간대가 가장 이상적이다. 그 시간대라면 조금 천천히 느긋하게 먹고 마셔도 눈치 주는 사람이 아무도 없을 것이다. 밖이 환할 때 마실 수 있는 것은 주말에만 누릴 수 있는 사치이기도 하다.

② 기본 술은 맥주보다 소주

"우선은 맥주로 시작하자!"는 말은 술집에 가면 흔히들 내뱉는 대사다. 하지만 식사와 함께 곁들이는 반주라면 사정은 좀 달라진다. 탄산이 들어간 맥주는 조금만 마셔도 배가 불러와서 메인 요리를 맛볼 수가 없다. 따라서 반주로 적격인 술은 뭐니 뭐니 해도 소주. 타는 듯한 소주가 부담스럽다면 달짝지근한 전통주도 추천할 만하다.

③ 요리가 나오면 술은 그만

식사에 곁들여 마시는 술은 어디까지나 흥을 돋우는 선에서 마무리해야 한다. 칼국수가 나오기 전, 동동주 한 잔에 감자전을 즐겼다면 한 잔에서 잔을 내려놓을 줄 아는 미덕을 발휘해야 한다는 사실, 잊지 말자.

위에 소개한 포인트에 한 가지 덧붙인다면, 한식집을 찾을 때는 개량 한복으로 깜짝 연출해보는 건 어떨까? 남 보기에도 멋이 느껴지고 스스로도 한층 기분이 고조될 수 있다. 때와 장소에 맞는 자기 연출은 혼자만의 시간을 즐기는 톡 쏘는 양념 역할을 해줄 것이다.

칼국수 집에서는 칼국수를 꼭 먹어야 하는 이유

"칼국수집에 가면 칼국수를 먹고, 우동집에 가면 우동을 꼭 먹어라!"

지금쯤 "그런 건 누구나 다 아는 상식이잖아요." 하며 볼멘 소리를 하는 독자도 있을 테지만, 의외로 상식을 지키지 않는 사람들이 많은 것 같다. 배가 고프면 이것저것 주전부리로 시키기 쉽지만, 사이드 메뉴에 눈을 돌리다 보면 정작 메인 메뉴에는 소홀해지기 쉽다.

맛있는 칼국수집은 밀가루 반죽에서부터 우려내는 다시 국물에 이르기까지 엄청난 정성을 쏟아 붓는다. 특히 대대로 전해 내려오는 노포의 경우, 오랫동안의 땀과 정성이 칼국수 한 그릇에 녹아 있다. 그런 노력의 결정체를 맛보지 않고 그냥 간다는 건 주인장 입장에서도 서운한 일이 아닐까?

특히 소식하는 사람은 자신의 양을 가늠해 안주를 시킬 것. 처음부터 보쌈이나 수육으로 배를 채우는 건 금물이다.

또 기름진 음식을 먹으면 포만감을 부채질하는 맥주 생각이 많이 나기 때문에 주의해야 한다. 메인 요리를 먹기 전에는 담백하고 적은 양으로 입가심만 해서 위에 여유를 준다.

"내 돈 내고, 내가 먹고 싶은 걸 시킨다는데 무슨 상관이야." 한다면 할 말은 없지만, 방문한 음식점의 주인공 요리를 가장 맛있게 먹는 것이 음식점에 대한 최소한의 예의가 아닐까 싶다. 비단 칼국수집뿐만 아니라, 우동집에 가서는 우동을 맛있게 먹고, 초밥집에 가서는 초밥을 맛있게 먹는다. 그렇지 않으면 굳이 전문점을 찾아간 의미가 없을 테니까.

자신이 정성을 담아 차린 음식을 손님이 국물 한 방울도 남김없이 깨끗하게 먹는 모습을 보는 순간이 주인장이 가장 행복을 느끼는 순간이다. 그런 행복을 안겨주는 고객은 다시 모시고 싶은 고객이 된다.

반주 한 잔의 여유를 위해서라도 주인공 요리를 음미할 줄 아는 멋있는 '나홀로'족이 되시길.

Lesson 15 다양한 맛집으로 진출!

일식집은 '나홀로'족의 오아시스

서른 해 가까이 어머니가 해 주시는 따뜻한 밥에 길들여졌던 나는 독립 전까지 요리다운 요리를 해본 적이 거의 없었다. 이후 독립을 선언하고 혼자 생활하면서부터 요리에 부쩍 관심을 갖게 되었다. 하지만 1인분의 한 끼 식사를 위해 시간과 노력을 다하는 건 낭비가 아닌가 하는 생각이 들 때도 많았다.

지금은 슈퍼에 가보면 1인분씩 낱개 포장한 야채, 고기가 눈에 띄지만, 그 당시만 해도 4인 가족을 위한 푸짐한 양이 대부분이었다. 재료를 냉동해 두고 싶어도 냉장고가 크지 않아서 한계가 있었다. 그러니 한 번 카레를 만들면 일주일 내내 카레만 먹어야 했다.

한 가지 요리를 만들어도 다양한 야채와 양념이 들어가야 하니까 어쩔 땐 외식하는 게 훨씬 싸게 먹힐 때도 있었다. 그나마 일이 바쁘면 시간에 쫓기다 보니 냉장고에 있던 야채는 시름시름 앓다가 쓰레기통으로 폐기 처분!

그래도 절약과 건강을 위해 가능한 외식은 피하려고 했지만, 나처럼 게으른 인간에게는 도저히 불가능했다. 그렇다고 편의점 도시락이나 인스턴트 식품에 길들기는 더욱더 싫었고.

그즈음 어머니랑 외출했다가 우연히 들른 일본식 정식집이 문득 머릿속을 스쳐 지나갔다. 새우튀김 정식을 주문했는데 제법 큼지막한 새우튀김과 밥, 김치, 그리고 보글보글 된장국이 나오는 게 아닌가! 풍성한 밥상에 비해 가격도 저렴한 편이었다. 그때 어머니가 하신 말씀이 지금도 기억에 생생하다.

"혼자 밥 해 먹으려고 아등바등하느니, 차라리 이렇게 사 먹는 게 더 싸겠다!"

영양도 만점, 가격도 저렴한 도시락 정식집! 바로 내가 찾던 맛이었다.

원래 일식집 하면, 나이 지긋한 아저씨가 찾는 음식점의 이미지가 강하다. 밤에는 생선회와 술을 즐기는 '아저씨'가 많은 것이 사실이지만 점심 시간대는 도시락 정식이나 생선구이 정식, 메밀 정식 등 1인분씩 정갈하게 나오는 차림상이 혼자 맛있게 먹기에 안성맞춤이다.

특히 정식 하나만 주문해도 밥, 국, 김치 등 균형 잡힌 식단을 즐길 수 있어서 건강이나 다이어트에도 좋다.

최근에는 젊은 층을 겨냥한 퓨전 일식집도 속속 문을 열고 있어서 젊은 '나홀로'족의 사랑을 독차지하고 있다.

혼자서 즐기는 라면집

일전에 TV 프로그램에서 혼자서 맛있게 먹을 수 있는 라면 전문점을 취재한 적이 있었다. 그 라면집은 각각의 자리마다 칸막이로 구분되어 있어서 서로 얼굴을 마주 보지 않고 먹을 수 있는 인테리어가 돋보였다. 또 자리마다 수도꼭지가 달려 있어서 종업원에게 부탁하지 않아도 편리하게 물을 마실 수 있었다.

본래 취지는 '먹는 데에만 집중하도록' 실내 장식을 꾸몄다는 것이 음식점 주인의 설명. 하지만 익명성이 보장되는 구조 덕분에 1인 고객에게 선풍적인 인기를 끌고 있다고 한다. 작은 라면집이지만 아이디어 하나로 엄청난 매상을 올리고 있는 것이다.

기존의 라면집 하면 허름한 분식집이라는 인상이 강했지만, 요즘에는 내부 장식에 특히 신경을 써서 예쁜 라면 전문점이 젊은이들의 시선을 끌고 있는 것 같다. 특히 1인 고객을 겨냥한 카운터석만 갖춘 라면 전문점이 눈에 띄게 늘었다.

여기서 잠시 '홍콩 라면집' 체험담을 하나 소개할까 한다. 왕초보 시절, 친구와 홍콩으로 여행을 떠난 적이 있었다. 홍콩 현지의 허름한 분식집에서 친구와 라면을 먹고 있는데, 말끔한 정장을 갖춰 입은, 모델 뺨치는 미모의 한 여성이 식당으로 들어왔다. 그녀는 광둥어로 뭔가 주문을 하자마자 찰랑찰랑 긴 머리를 고무줄로 질끈 동여매는 게 아닌가! 다음 장면은 야채 볶음 안주에 맥주 한 잔, 그리고 마지막으로 라면을 후르르 먹어 치웠다. 식사가 끝났는가 싶더니, 테이블 위에 돈을 놓고 자리에서 일어나면서 동여맨 머리를 휘리릭! 다시 긴 머리를 찰랑이면서 식당을 빠져나갔다.

나는 면이 불어 터지는 것도 깜빡 잊고서 그녀의 멋있는 자태를 넋을 잃고 바라보고 있었다. 근사한 레스토랑이 아닌, '어떤 장소라도 당당한 '나홀로'족이 된다.'는 그때 품었던 꿈은 지금도 나의 간절한 바람이다.

삼겹살을 혼자서 구워 먹는다고요?

직장 회식을 경험하기 전에는 고깃집 하면, '가족 동반 외식 장소'라는 이미지가 지배적이었다. 식구들이랑 외식을 하면 '맛있게 고기도 먹고 밥도 먹는 장소'였다. 사회생활을 하면서 고기와 술을 함께 하는 즐거움을 맛보았다. 고기는 식사와 함께 곁들이는 것도 좋지만, 술과 함께라면 더 좋다. 지금 내 머릿속에는 '고깃집은 맛있게 마시는 장소'로 완전히 정착했지만.

그래도 숯불구이 전문점 하면, 가족 혹은 직장 동료끼리 우르르 몰려가는 음식점이라는 생각이 일반적이다. 테이블은 대개 4인용이고 테이블 중앙에 고기를 구워 먹을 수 있는 판이 있다. 양을 생각해봐도 혼자 시켜 먹기에는 조금 무리가 있다.

하지만 혼자 생활하다 보면 어느 날 문득 고기 굽는 냄새가 그리운 날이 있다. 육체적으로 피곤한 날이나 일주일 동안 야채만 먹었을 때는 숯불 향이 그리워진다. 이때 커다란 테이블에 혼자 앉자니 엄청난 용기가 필요하고, 그렇다고 집에서 구워 먹자니 고기 맛이 영 아니고. 고민 끝에 나는 용기를 내서 고깃집에 문을 두드렸다. 결과는 그럭저럭 포만감은 느껴졌지만, 만족감은 느낄 수 없었다.

'혼자서도 편안하게 고기를 구워 먹을 수 있는 음식점은 없을까?'

이런 아쉬움은 나만이 느끼는 감정은 아닐 것이다. 다행히 1인 고객의 수요 덕분에 고깃집도 하루가 다르게 변모하고 있다. 카운터에 자리가 마련된 고깃집에서 남 눈치 보지 않고, 혼자서 즐길 수 있는 음식점이 하나둘, 문을 열고 있다. 술도 맥주나 소주 이외에 다양한 칵테일을 선보이고, 음식 양도 1인분에 맞게 주문할 수 있다.

실제 내가 사는 곳 근처에 혼자 즐기기에 적당한 숯불구이 전문점이 있는데, 혼자서 고기 굽는 여성을 심심찮게 구경할 수 있다. 가족들 틈바구니에서 혼자 고기 구워 먹는 여자, 상상만 해도 좀 그렇지만 그 음식점에는 1인 여성 고객이 많아서 부담 없이 고기를 구워 먹을 수 있었다. 물론 다양한 고기는 먹을 수 없지만 숯불에 구워 먹는 고기는 집에서 먹는 고기와는 비교가 되지 않는다.

아직은 카운터가 구비된 고깃집이 많지 않지만 1인 고객의 수요가 늘다 보면, 혼자 구워 먹기에 적당한 음식점이 속속 문을 열지 않을까.

"혼자서 고기 구워 먹네, 멋있네!" 하는 아우성을 하루라도 빨리 들을 수 있으면 좋겠다.

칼럼 3

나의 '나홀로'족 데뷔기

나는 형제 없이 자라서 그런지 몰라도 어렸을 때부터 혼자 노는 데 선수였다. 유치원에 들어가서 내 방을 가지면서부터는 혼자라는 것에 대해 더 익숙해졌던 것 같다.

처음으로 기차를 타고 혼자 멀리 떠났던 것은 초등학교 고학년 때. 이사 간 단짝 친구를 만나기 위해 머나먼 여행길에 올랐다. 돼지 저금통에 있던 얼마 안 되는 잔돈과 친구 편지에 적힌 주소만 달랑 들고서, 두 시간이나 기차를 타고 친구 찾아 삼만리 길에 올랐다. 무사히 친구 집에 도착해서 친구 얼굴을 볼 수 있어서 정말 좋았다.

그때 경험했던 '엄청난 모험'은 나의 '나홀로'족 데뷔기가 아닐까 싶다. 그것도 아주 성공적인.

Chapter

혼자 마시는 멋, 바를 찾아서

04

Lesson 16 바는 이렇게 골라라

홈 바처럼 가까이, 가벼운 마음으로

친구나 직장 동료들과 우르르 마시다 보면 왁자지껄 재미는 있지만, 왠지 피곤하게 느껴질 때도 있다. 누군가와 함께라면 아무리 친한 친구라도 신경이 쓰이기 마련. 피로에 지쳐도 목청껏 떠들어야 할 때도 있고, 때론 피에로를 자청해야 할 때도 있다. 옴짝달싹 못하는 막차에 몸을 실으면 눈은 스르르 감기고 다리에 힘이 쫙 빠진다. 전철 차창에 비친 모습을 보면 이건 인간의 형상이 아니다. 이럴 때 나는 집 근처 바에 들러서 마음의 배터리를 방전시킨다.

집 가까이 맘에 드는 바가 있다면 용기를 갖고 노크해보자. 자신이 사는 동네 바를 찾으면 좋은 점이 한두 개가 아니다. 우선은 걸어서 갈 수 있는 바라면, 귀가 시간에 거의 구애받지 않아도 된다. 또 퇴근길이나 집에 있을 때 기분 전환으로 언제든지 찾을 수 있다는 편리함이 있다. 나도 집 근처에 단골 바가 몇 군데 있는데, 업무나 가사 일에 스트레스 받았을 때 편하게 찾고 있다. 집에서 코 닿는 거리임에도 불구하고 환경이 조금만 바뀌어도 기분이 확 바뀐다. 마시고 싶을 때 마신다, 그야말로 '홈 바'의 느낌.

자신을 리셋 모드로 바꾸고 싶을 때 단골 바 하나 갖고 있으면 스트레스 해소는 걱정 없다.

도심에 가까울수록 훌륭한 바가 즐비하다. 하지만 집에서 너무 멀리 떨어져 있으면 칵테일 한 잔에 기분이 한껏 부풀어 올랐다가 전철이나 택시에 오르는 순간 바로 현실로 돌아와야 하는 단점이 있다. 하지만 자택과 가까울수록 리셋 모드에 한참 젖어있을 수 있다. 거나한 기분에 취해 바로 잠자리로 쏘옥 들어갈 수 있다는 건 정말 행복한 일이다.

기분이 안 좋을 때, 반대로 기분 아주 좋은 날, 기분에 따라 바를 선택할 수 있도록 몇 군데 알아두면 바에서 보내는 시간이 더 깊어질 수 있다.

주인이 여성이라면 금상첨화

'바에서 한잔을' 제대로 즐기기 시작한 것은 독립을 선언한 27살 때부터이다. 대학 시절 재미 삼아 몇 번 구경하러간 적은 있었지만, 단골 바가 있을 정도는 아니었다. 부모님과 함께 살던 집이 주택가라서 바를 구경하지 못한 것도 있었지만, 그보다 마음에 드는 바를 만나지 못해서 그랬는지도 모른다. 그런데 우연한 기회로 '마음의 안식처'를 발견할 수 있었다.

당시 나에게는 몇 개월 사귄 남자친구가 있었다. 나도 많이 부족했지만, 그 친구도 상대를 편안하게 해주는 스타일은 아니었다. 우리는 만날 때마다 싸움할 정도로 치열하게 만났다. 그날 밤도 1차에서 술을 꽤 많이 마신 뒤, '한잔 더'하면서 바를 찾았다. 분위기 근사한 바에는 빌 에반스(Bill Evans)의 「왈츠 포 데비(Waltz For Debby)」라는 곡이 흐르고 있었다. 어김없이 우리는 또 싸움했고 나는 너무 화가 난

나머지, 그에게 "가 버려."하고 소리쳤다. '설마 나 혼자 남겨 두고 가진 않겠지.'라는 마음에서 호기를 부렸지만, 그는 내 말이 끝나기가 무섭게 떠나버렸다. 조용한 바에 덩그러니 남겨진 나는 어떻게 해야 할지 몰라, 눈물만 흘리고 있었다.

'탁' 하는 소리에 놀라 고개를 들자, 초콜릿이 든 예쁜 접시가 보였다. 여주인의 아름다운 미소와 함께. 주인장은 내 이야기를 가만히 들어주었고 눈물이 마를 때까지 함께 있어주었다. 나는 그녀를 통해 위로받을 수 있었고 이후에는 혼자서 가끔 바를 찾았다.

그렇게 몇 달이 지나자 나는 바의 단골이 되어 있었다. 지금도 그곳에 바는 있지만 아쉽게도 주인이 바뀌었다. 그래도 나에게는 추억이 있는 바로 가슴 깊이 남아있다.

여사장이 경영하는 바의 장점은 뭐니 뭐니 해도 여자 마음을 잘 헤아려준다는 점이다.

여자 혼자서 바에서 술잔을 기울이고 있으면 귀찮게 하는 남자가 있는데 그런 남자를 사전에 차단해주는 것도 여사장의 주요 임무이다. 동성이라는 점이 편안하게 다가올 수 있다.

산부인과 병원 간판에 '여의사'라는 친절한 안내문을 본 적이 있는데, 마찬가지로 '여사장'이라고 간판에 명시한 바를 본 적이 있다. 물론 여주인이 있는 바가 다 좋다고는 말할 수 없지만, 안심하고 찾을 수 있는 하나의 조건임에는 틀림이 없다.

일장춘몽을 위하여

우아한 시간과 근사한 공간을 돈으로 산다. 이것은 혼자만의 시간을 갖는 궁극적인 목적이기도 하다. 어떤 장소에 돈을 지불하느냐는 개인의 취향에 따라 다르겠지만, 일장춘몽을 꿈꾸고 싶다면 다음과 같은 점에 유의해서 바를 골라보자.

① 톡톡 튀는 인테리어

생활의 장은 아무래도 무난함을 지향하게 된다. 개성을 살려서 좀 화려하게 연출해보고 싶지만, 금방 싫증 날까 봐 파격을 도모하기는 힘들다. 그렇다고 값비싼 가구를 들여놓을 수도 없는 처지. 반면에 하룻밤 꿈이라면 '일상에서의 탈출'을 만끽할 수 있다. 직접 연출할 수는 없지만, 바에 가면 보고 느낄 수가 있다. 단 몇 시간이라도 꿈꿀 수 있는 작은 테마파크가 아닐까?

② 희귀한 술을 음미할 수 있다

집에서 술을 관리하는 일은 엄청난 저택에 살지 않는 이상 불가능하다. 한 병을 사서 혼자 다 마시기는 부담스럽고 보관하기도 쉽지 않다. 맛있는 술을 가장 맛있게 마시려면 아무래도 전문가의 손길이 미치는 바가 최고다.

또한 세계의 희귀 술은 특별 판매망이 있어서 일반인들이 쉽게 구입할 수 없는 경우도 있다. 맥주나 칵테일은 어디서나 마실 수 있지만 진기명기 술은 그렇지 않다. 특별한 술이라면 아주 가끔은 호사를 부릴 가치가 있지 않을까?

③ 빛나는 잔이 있는가?

내가 바를 즐겨 찾는 이유는 빛나는 잔에 훌륭한 술을 근사하게 마실 수 있다는 점!

집에서도 근사한 잔에 마시고 싶지만 관리도 관리이거니와 가격도 부담스럽다. 애써 구입한 잔을 실수로 깨버리면…….

요즘은 바에서도 튼튼한 재질의 투박한 잔을 이용하는 곳도 많이 있지만, 그건 좀 맛이 떨어지지 않을까? 돈을 내고 기왕 찾는 바라면 고급 유리잔에 마시고 싶다. 이왕이면 다홍치마라고 했듯이, 같은 술이라도 희소가치가 있는 술잔에 나오면 더 맛있게 느껴지기 마련이다. 그야말로 바에서만 느낄 수 있는 마음의 사치라고 생각한다.

모처럼 갖는 시간이라면 더욱이 돈을 써야 하는 투자라면, 평범한 일상에 돈을 지불하고 싶지는 않을 것이다. 가능한 드라마틱하고 극적인 공간을 선택하는 쪽이 본전 뽑는 일 아닐까?

Lesson 17 바에서는 이렇게 행동하라

바에서 혼자만의 시간을 가질 때

바에 자주 얼굴을 내밀다 보면 낯익은 얼굴이 많아진다. 바텐더나 주인을 매개로 가까워지는 경우도 부지기수다. 나도 얼굴을 보면 가볍게 인사를 나누는 사람이 몇 명 있다. 하지만 몇 번 봤다고 해서 쉽게 이름을 알려주는 법은 없다. 믿을 만한 사람이라는 확신이 들었을 때만, 그것도 심사숙고한 뒤 통성명을 나눈다. 물론 처음 만나는 사람에게는 절대 가르쳐주지 않는다.

'나홀로'족의 덕목 가운데 '마음을 열고'가 중요한 것은 사실이지만, 상대에 따라서는 그런 여성의 본심을 왜곡해서 성가시게 하는 남성도 있다. 예전에 비하면 여성의 지위가 많이 향상되었지만 일부 남성들 가운데는 아직도 '혼자서 마시러 왔다=남자 꼬시러 왔구먼.' 하고 착각하는 '한심한 남자'도 많다. 그런 음흉한 남자에게 자신을 노출시켰다가 '저 여자 내가 맘에 드는가 보네.' 하며 괜한 오해를 살 수도 있다는 말씀. 특히 취기가 돌았을 때는 조심, 또 조심하자. 술김에 전화번호를 가르쳐 주었다가 정말 곤혹을 치를 수도 있다. 상대방에게 호의를 가지고 있다면 몰라도 마음에도 없는데 자꾸 전화가 오면 여간 성가신 일이 아니다. 웬만한 상식이 있는 남자라면 적당한 선에서 연락하지 않겠지만 개중에는 스토커로 돌변하는 늑대도 있다는 사실, 명심하자.

실은 나도 젊었을 때 별 뜻 없이 낯익은 남자 손님에게 전화번호를 가르쳐 주었다가 혼쭐난 경험이 있다. 지금 생각해보면 내 경솔한 행동이 오해를 사기에 충분했다고 본다. 모처럼 괜찮은 단골 바를 만들었는데, 그런 말도 안 되는 이유로 갈 수 없다면 분하고 억울하지 않을까? 이름과 전화번호는 심사숙고한 뒤, 노출시킬 것.

바에서 단골끼리 너무 친해지는 것도 생각해볼 문제다. 얼굴을 보는 순간 옆자리에 앉아서 수다를 떨면 굳이 혼자만의 시간을 따로 가져야 할 필요가 없을 테니까. 가끔은 바를 찾는 단골끼리 커뮤니티가 형성되어서 또 다른 바를 탐색하러 다니는 경우가 있다. 함께 하는 동호회가 활성화될수록 인간관계에 휘말릴 수 있고, 그러다 보면 바에서 재충전의 시간은커녕 대인관계로 인한 스트레스만 누적시킬 수 있다.

바에서 혼자만의 시간을 가질 때는 '섞이지 않는다.', '가르쳐주지 않는다.'가 대원칙!

'나홀로'족의 궁극적인 목적은 상대를 만나는 것이 아니라, 혼자만의 시간을 통해 자기 자신과 만나는 것이다. 이런 취지를 이해하지 못하는 사람은 진정한 의미의 '나홀로'족이 될 수 없다.

일어날 때 멋있는 여자가 진짜 멋있는 여자

연애나 일에서도 마무리 지어야 할 때가 있듯이, 바에서도 '오늘 밤은 이 정도로 하자.'는 타이밍이 있다. 나도 술을 무지 좋아해서 새벽까지 술잔을 기울일 때가 있지만, 적당할 때 일어서야 하는 미덕이 술자리에서는 필요하다.

술집에서 '끝까지', 그것도 몸을 가눌 수 없을 때까지 남아 있으면 절대 안 된다. 바를 둘러보면 남자 손님이 대부분이다. 예전보다는 여자 손님이 많이 늘어났다고는 하지만 아직도 여자 혼자 술 마신다고 하면 색안경을 끼고 바라보는 남자가 많다. 빈틈없는 성격의 소유자라도 술을 많이 마시다 보면, 틈을 보이기 쉽다. 그런 틈을 겨냥해 작업을 거는 늑대가 많다는 점, 꼭 기억해두자.

여성들 가운데는 '나에게 반한 것 아냐.' 하고 착각하는 이도 있지만, 남자는 전혀 다른 상상을 하고 접근한다. 가벼운 여자로 생각할 수 있다는 점. '내 인기는 어딜 가도 식을 줄을 모르는구나!' 하며 좋아하기보다, 자신의 매무새를 다시 한번 가다듬어야 한다.

훗날을 위해서도 다음의 유의점은 꼭 기억해두시길.

① 자신의 한계를 안다

똑똑하게 술을 마실 줄 아는 사람은 자신의 주량을 정확하게 파악하고 있다. 주량은 그날 컨디션에 따라서 달라지지만, '기분 좋은데, 한 잔 더 하고 싶어라.' 할 때가 잔을 내려놓기 가장 적당한 순간이다. 걸음걸이가 조금이라도 흐트러지면 당장 술잔을 내려놓을 것.

② 2차로 바를 찾았을 때는 알코올의 양을 줄인다

술이 취하면 더 마시고 싶은 것이 사람 마음이다. 하지만 그런 욕심을 적당하게 조절할 줄 아는 것이 진정한 '나홀로'족. 평소 즐겨 마시는 칵테일이 있다면 알코올의 양을 반으로 줄여달라고 바텐더에게 미리 부탁하는 것도 좋은 방법이다.

③ '여자'임을 과시하지 않는다

술이 들어가면, 갑자기 '여자'로 돌변하는 여자가 있다. 코 맹맹이 말투에, 유혹하는 듯한 눈동자! 그런 여자는 남자 입장에서 보면 하룻밤 상대로 여기기 딱 좋다. 술이 들어가도 당당하고 꼿꼿한 자세를 구기질 말자.

바에 혼자 가는 이유는 기분 좋게 마시면서 더 나은 내일을 충전하기 위해서이다. 하룻밤 술에 의지해서 잊고 싶은 '거리'가 있다면, 즉 잊기 위해서 술을 마시고 싶다면, 바가 아닌 집에서 술을 마셔라. 주위 눈치 볼 것 없이 밤새워 마실 수도 있을 테니까.

자리를 떠나야 할 때 멋있게 일어나는 여자는 누가 봐도 멋져 보이기 마련이다. '저 손님, 또 왔으면 좋겠다.'는 좋은 인상을 심어주는 진정한 '나홀로'족이 되자.

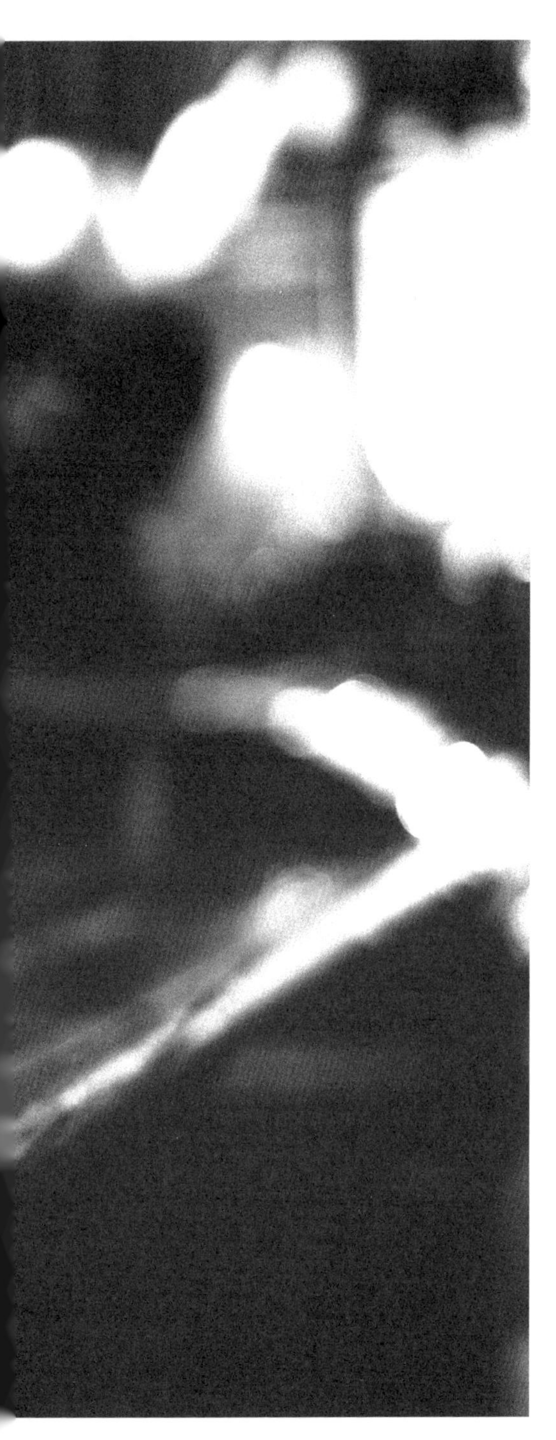

바에서 멍하니 있을 때?

바는 카페와 달리 책을 읽거나, 노트에 뭔가 열심히 쓸 만한 분위기의 장소는 아니다. 그러면 바에서 멍하니 앉아 뭘 하고 '놀면' 좋을까?

바텐더와 대화를 나누고 싶어도 손님들로 북적대는 바쁜 시간대에는 선뜻 말을 걸 수도 없다. 그럴 땐 찬찬히 바에 진열된 술병이나 연대가 표시된 스카치 병에 시선을 고정시켜보자.

한마디로 술이라고는 해도 그 종류는 천차만별이다. 약술이나 과실주 이외에도 계란이나 초콜릿으로 만든 술도 있다. 술병도 아기자기한 미니어처에서부터 대형 술통까지 눈으로 즐기는 재미가 쏠쏠하다.

바텐더가 조금 한가한 것 같으면 병을 보여 달라고 부탁해보는 건 어떨까? 병을 자세히 훑어보면 간단한 역사나 제조 방법, 맛있게 마시는 방법이 적혀 있는 병도 있다. 다음에 마실 때 참고가 될 수 있고, 지식도 늘어나서 일석이조이다. 나도 술과 관련된 지식은 하나하나 직접 부딪치면서 쌓아 나갔다.

바에서 공부하기 좋은 것은 재즈 음악! 수많은 바에 다녀 보고 한 가지 알게 된 사실은 그 집의 노래에는 술집 주인장의 취향이 진하게 묻어난다는 점이다. 20대 때 내가 자주 찾던 바에서는 재즈 음악이 항상 흘렀다. 덕분에 빌 에반스, 터크 앤 패티Tuck & Patti 같은 대가의 명성을 직접 체험할 수 있었다. 그때까지 J-POP만 즐겨 듣던 나로서는 왠지 구슬프고 끈적끈적한 재즈가 참 묘하게 이끌렸던 것 같다. 지금도 CD를 통해 즐겨 듣고 있다.

물론 술에 관한 지식이나 재즈가 "밥 먹여 주나요?" 하고 내게 반문한다면 나도 할 말이 없다. '전혀 도움이 되지 않는다.'가 더 정확한 표현이리라. 하지만 마음의 여유는 분명 한 뼘이라도 커질 것이다.

지금까지 이렇게 주저리 쓰고 있지만, 실은 '바에서 뭔가 찾을 필요가 있을까?'라는 것이 내 솔직한 생각이다.

우리는 항상 시간에 쫓겨, 스케줄에 쫓겨 생활한다. 그런 탓인지 뭔가 하지 않으면 불안하다. 그것은 어떤 의미에서는 일종의 중독이라고도 말할 수 있을 터. 특히 일벌레로 살아가는 사람들에게는 더더욱 아무것도 하지 않는 일이 제일

어려운 일인 것 같다. 해외에 나가면 서구인은 해변에서 아무것도 하지 않고 느긋하게 누워있는 반면에 우리는 한 곳이라도 더 둘러보려고 이곳저곳을 기웃거린다. 그것도 떼지어 몰려다니면서.

자기 자신과 마주할 수 있는 공간에서는 차분히 자신과 대화를 나누어보자. 일, 사랑, 어떤 테마라도 좋다. 일상에 쫓겨 잊고 지내던 생각을 하나씩 꺼내 보자.

자신의 내면 속에 감춰져 있던 또 하나의 '나'와 대화를 나누다 보면, 시간 가는 줄 모르고 수다 떨고 있는 자신을 발견할 수 있을 것이다.

Lesson 18 바를 200% 활용하는 방법

'그이'와의 약속 장소는 바에서

약속 장소하면, 'ㅇㅇ백화점 정문 앞', '전철역 근처 ㅇㅇ커피전문점' 식이다. 이런 곳은 찾기는 쉽지만, 단점도 많다. 백화점 정문 앞은 사람들이 많아서 상대를 미처 못 알아볼 수도 있고, 역 앞 카페는 언제나 만원이다. 그래서 추천하고 싶은 곳이 바로 '바'! 이른 시간대라면 분명 자리가 있을 것이고 바를 약속 장소로 한다는 것 자체가 묘한 기분을 자극할 수 있다.

나도 남편과 약속할 때는 바를 주로 이용한다. 저녁때 극장을 찾기 전에, 바에서 샴페인이나 칵테일을 한 잔 마시고 영화를 보면 영화에 더 집중할 수 있다. 영화가 끝난 뒤에도 가슴 가득 벅찬 감동을 안고 돌아올 수 있어서 좋다. 서구에서는 오페라나 연극이 시작하기 전, 혹은 막간을 이용해 술을 마시는데 이는 기분을 돋우는 효과를 얻기 위해서이다.

또 저녁 식사 전에 즐기는 한 잔은 마음을 넉넉하게 만들어준다. 저녁을 먹을 때 이미 취기가 돌아서 상대와의 이야기도 부드럽게 술술 흐른다. 알코올에는 식욕을 부르는 효과도 있어서 맛있게 먹을 수 있는 장점이 있다. 커피도 좋겠지만, 지나친 긴장감을 초래할 수 있어서 저녁 식사 전에는 적합하지 않다.

실은 약속 장소를 바로 정하는 방법은 바에 첫 데뷔하는 '나홀로'족에게 강추하고 싶은 방법이다.

바에 처음 노크하는 경우라면, 혼자서 시간을 보내야 한다는 것에 막연한 불안감을 느낄 수 있다. 하지만 누군가 곧 올 거라는 걸 알고 있다면, 즉 '혼자만의 시간'이 한정되어 있다면, 초보라도 마음을 놓을 수 있다. '왠지 자리가 불편하네.' 하는 불길한 예감이 들어도 '그이가 금방 올 텐데, 조금만 기다려 보지 뭐.' 하며 마음을 바꿀 수 있다.

결과적으로 바를 찾는 횟수가 늘어나면 바의 분위기도 익히고 바에서 즐기는 묘미를 실감할 수 있게 된다. 어느새 자주 찾는 바가 생기고 그이와의 약속은 2순위, 바에서 혼자만의 시간을 갖는 일이 1순위가 될지도 모른다. 그러면 이미 당신은 '나홀로'족 상급반 동창생이다.

무無알코올이라도 괜찮아요

술을 마시지 못하는 사람이라면 '바'라는 장소가 썩 마음에 와닿지는 않을 것이다. 분명 바는 술을 마시는 장소이니까, 누군가와 동행한다면 또 몰라도 혼자 가는 건 망설여진다. 하지만 '바에서는 꼭 술을 마셔야 합니다.'라는 규칙은 어디에도 없다. 술을 못 마시는 사람은 무無알코올 칵테일을 주문하면 된다.

순수하게 술을 마시고 싶어서 바를 찾는 사람도 있지만, 독특한 분위기에 취하고 싶어서 바를 찾는 여성도 많다. 요즘은 슈퍼마켓에서도 값싼 칵테일 음료를 살 수 있음에도 불구하고, 비싼 돈을 주고 일부러 바를 찾는 이유는 집에서는 맛볼 수 없는 프로의 기술과 근사한 분위기에 취해보고 싶어서이다. 술을 마시지 못한다고 해서 애초부터 바를 제외시킨다면 '나홀로'족의 즐거움 가운데 반은 포기하는 거나 마찬가지다.

직장 회식 자리에서 "저 술 못 마시는데요." 하면서 불참하는 사람은 없을 것이다. 내 친구도 술은 한 모금도 못 마시지만, 회식 자리나 각종 모임에는 꼭 얼굴을 내민다. 1차에서 끝나는 것이 아니라, 2차, 3차까지 항상 자리를 지킨다.

어느 날 "술도 못 마시는데, 재미없지 않아?" 하고 내가 친구에게 물었더니, "분위기에 취하는 것도 아주 좋아!" 하며 환하게 대답해 주었다. 친구의 미소 짓는 표정을 보는 순간, '인생을 정말 즐길 줄 아는 사람이구나.' 하는 생각이 들었다.

취할 수 있는 것은 단지 술만이 아니다. 바의 분위기나 바텐더와의 대화 등등 취할 수 있는 것들은 많다.

'가격이 저렴한 무알코올을 시키면 바텐더가 싫어하지 않아요?' 하고 지레 겁먹는 사람도 있다. 만약 값이 싸다고 서비스까지 싸구려라면, 그 자리를 바로 박차고 나와도 된다. 좋은 바일수록 깊은 유리잔에 얼음 동동 띄우고, 잔 테두리를 예쁘게 장식해서 근사한 칵테일처럼 내놓는다. 그것이 바로 바텐더의 역량이다. 특히 술을 마시지 못하는 고객에게 세심한 배려를 할 줄 아는 바텐더가 진짜 훌륭한 바텐더가 아닐까?

여성은 무드에 살고 무드에 죽는다고 하는데, 톡톡 튀는 아이디어 하나만으로도 기분 좋게 취할 수 있다. 훌륭한 바텐더라면 여심女心을 한 번에 '확' 잡을 수 있을 터인데 반대로 '그냥 주스잖아.' 하며 주스 채로 내미는 바텐더는 서비스 정신이 '꽝'!

사소한 차이가 명품을 만든다는 사실, 잊지 말자!

고려해야 할 것은 시간대

FM 라디오 프로그램에서 '혼자서 들어가기 망설여지는 장소는 어디입니까?'라는 앙케트를 여성들을 대상으로 조사했다. 앙케트 결과, 1위는 바! 바에서 혼자만의 시간을 가질 수 있는 여성은 '나홀로'족 상급반임을 재확인한 앙케트였다.

나도 혼자서 바를 찾기 전에는 '사람들이 날 어떻게 볼까?', '혼자 뭐 하고 놀지?' 하는 온갖 상상과 불안으로 낯선 세계에 발을 들여놓기가 쉽지 않았다.

하지만 첫발을 들여놓자 그런 염려는 그저 염려일 뿐. 혼자 찾은 여성 손님이라고 바텐더가 특별히 신경을 써주어서 외롭지도 불안하지도 않았다. 바텐더한테 술에 얽힌 이야기를 듣거나 세상 이야기를 듣는 동안 시간은 금방 지나가 버렸다. 멍하니 있을 시간이 없을 정도였으니까.

그러나 혼자서 바를 찾는 여성은 여전히 희귀한 존재다.

커플이나 남성 고객이 월등히 많은 것이 현실이다. 혼자서 시간을 조용히 보내고 싶은 입장에서는 커플이나 남자 손님들이 그다지 반가운 존재가 못 된다.

혼자만의 시간을 쾌적하게 보내려면 시간대 선정이 관건이다. 바가 가장 활기를 띠는 시간대는 밤 10시 이후. 10시 정도라면, 저녁 식사를 한 뒤, 바를 찾기에 가장 적절한 시각이다. 하지만 '나홀로'족에게 추천하고 싶은 시간대는 저녁 6–8시. 좀 더 일찍 문을 여는 바도 있지만, 너무 이른 시간이면 흥이 나지 않는다. 역시 어둑어둑 땅거미가 깔려야 바 타임으로는 안성맞춤일 것 같다.

7시라면 퇴근한 뒤 음식점에서 저녁 식사를 하고 있을 시간으로, 바는 비교적 한산한 시각이다. 들리는 소리는 잔잔한 재즈 음악과 바텐더의 믹스 소리뿐.

손님들로 복작복작하지 않으면 바텐더와 대화도 즐길 수 있고, 자신의 얼굴도 알릴 수 있다.

혼자서 들어가기 꺼려하는 1순위라고 하지만, 바를 찾는 시간대만 조금 신경 쓰면 카페처럼 편안하게 바를 찾을 수 있다. 그래도 바를 노크하기가 망설여진다면, 낮에는 커피와 음료를 팔고 밤에는 정통 바의 모양새를 갖춘 간이 바를 이용해보자. 카페 분위기로 편안하게 바를 즐길 수 있을 것이다.

Lesson 19 좀 더 똑똑하게 술을 마시기 위해

바텐더에게 일임하라

혼자서 바를 찾으려고 할 때, "술 지식이 없어서"라는 이유 때문에 주저앉는 이도 있을 것이다. 정통 바에 가면, 사전처럼 두툼한 차림표에 듣지도 보지도 못한 칵테일 이름과 양주 이름이 빼곡히 적혀 있다. 웬만한 전문가가 아닌 이상, 읽기 싫은 메뉴얼처럼 페이지 넘기는 일조차 부담스럽다. 주문을 기다리고 있는 바텐더의 시선이 신경 쓰여서, 가장 첫 줄에 보이는 활자를 가리키며 "이거 주세요." 하고 말한다. 다 기어들어 가는 목소리로 주문은 했지만, 기분이 영 찜찜하다.

'어, 이게 아닌데. 좀 특별하면서도 맛있는 술을 구경하려고 일부러 찾아왔는데…….'

그럴 땐 바텐더에게 일임하라. 그것도 당당하게!

"저, 맛있는 칵테일을 마시고 싶은데, 뭐 추천할 만한 거 없으세요?"

이런 솔직한 질문을 계기로 나만을 위한 칵테일을 만날 수 있다.

나는 바를 즐기기 전까지만 해도 '술은 다 거기서 거기지 뭐.' 하며 질보다는 양을 중시했다. 하지만 나이가 들면서 술이 약해지자 '이왕 마실 바에는 조금 마시더라도 맛있고 좋은 술을 마셔야지.' 하는 생각으로 바뀌었다. 버번(bourbon, 역주: 옥수수를 짓이겨서 만드는 증류 위스키)을 기본으로 한 칵테일, 민트 줄립(mint julep, 역주: 위스키에 설탕 · 박하를 탄 칵테일)의 맛을 안 것도 바를 찾으면서부터이다. 평소에는 스카치 락을 즐겨 마셨는데, 그날따라 피곤해서 그런지 단맛이 그리웠다. 바텐더에게 "달콤한 칵테일 좀 부탁드려요. 그렇다고 너무 단 건 싫고요." 하고 주문했다. 완성된 칵테일이 바로 민트 줄립이었다. 그때까지 칵테일 하면 마티니martini와 럼콕Rum & Coke 정도만 알고 있었던 나로서는 맛이 환상적이었다. 그날 이후 바에 가면 첫 잔은 항상 민트 줄립을 주문한다.

바텐더에게 칵테일 선정을 부탁할 때는 자신이 좋아하는 맛과 취향을 아주 소상히 밝힐 것. 쓴맛보다는 달콤한 맛, 탄산은 싫어요 등등 구체적으로 밝히는 것이 포인트이다. 싫고 좋음이 까탈스럽지 않다면 바텐더에게 전적으로 일임하는 방법도 권할 만하다. 주문하는 고객의 이미지로 칵테일을 만드는 바텐더도 있고, 옷 색상에 맞추어 칵테일을 만

드는 사람도 있다. 완성되기까지는 무엇이 나올지 모른다는 긴장감이 또 하나의 재미다.

단, 바텐더에게 일임했을 때는 자신의 입맛에 맞지 않아도 맛있게 잔을 비울 것. 프로에 대한 최소한의 예의이다.

칵테일 추천을 부탁했을 때 싫어하는 바텐더는 거의 없다. 편하게, 당당하게 부탁해보자.

자기만의 개성 연출을 즐겨라

당신은 가끔 평소와는 다른 모습으로 변신하고 싶다는 생각, 해본 적 없는가? 직업이 배우라면 다양한 역을 소화해내면서 그런 갈증을 채울 수 있겠지만, 평범한 사람에게 있어서 변신은 아무래도 부담스러운 일이다.

내 친구 이야기인데, 가끔 혼자서 바를 찾는 그녀는 바를 변신의 장으로 이용한다. 그녀만의 독특한 스타일을 잠시 소개해볼까 한다.

새로운 바를 처음 찾아갈 때, 친구는 가벼운 '변장'을 한다고 한다. 평소에는 짧은 커트 머리에 중성적인 분위기를 풍기는 그녀이지만, '이날이다.' 싶으면 긴 파마머리를 나풀거린다. 옷차림은 그날 기분에 따라 달라지지만 평상시 즐겨 입는 진이 아닌, 몸에 착 달라붙는 롱 드레스를 선택한다. 거기에 하이힐을 신으면 완전히 다른 그녀가 거울 앞에 서 있다.

"그 순간만큼은 정말 다른 사람이 된 것 같아. 아주 짜릿해!"

두 번째로 바를 찾아갈 때는 변장하지 않은 본래의 모습대로 바를 찾는다고 한다.

"눈을 부라리고 나를 쳐다보는 바텐더의 표정이 너무 재밌어!" 하며 그녀는 천진난만하게 웃는다. 그 친구의 변신은 어두운 바이기에 더 완벽하게 연출할 수 있지 않았을까?

변장까지는 아니더라도 자신을 멋있게 연출하는 일은 중요하다. 해외여행을 하다 보면 정말 근사한 여성을 많이 만난다. 카페에 들어갈 때는 미니스커트 차림이지만, 저녁만찬 때가 되면 우아한 드레스 차림으로 확 변신하는 여성. 때와 장소에 맞게 옷을 입고 화장을 하는 모습이 참 근사하게 보인다.

실제로 화장이나 옷차림에는 자신감을 갖게 해주는 효과가 숨어 있다고 한다.

한 텔레비전 프로그램에서 동일 여성이 맨얼굴에 바지를 입었을 때와 은은한 화장에 세련된 정장을 차려입었을 때, 두 가지로 차림을 달리해서 각각의 심리 상태를 알아보는 실험을 했다. 화장을 하지 않은 상태에서 상대와 대화를 나누었을 때는 상대방을 똑바로 바라보지 못하고 대화에도 소극적인 자세로 대처했지만, 화장한 상태에서는 상대방의 눈을 보면서 적극적으로 대화를 이끌어 나갔다. 이 실험에서도 알 수 있듯이, 상대보다 자신이 못하다고 느끼는 순간 어깨가 움츠러들기 마련이다. '나는 야, 멋쟁이!'라는 차림으로 바에 나가면 처음 가는 장소에서도 당당해질 수 있다.

마시고 싶은 칵테일 색에 맞추어 립스틱 색깔을 고르거나, 바 분위기에 따라 의상을 달리한다면 여자만이 느낄 수 있는 즐거움을 찾을 수 있을 것이다.

schön
Aloe Vera
HYDRATING CREAM
Vitamin B5 & E
Hyaluronic acid & Aloe Vera

상쾌한 해장술 한잔!

앞서 얘기했듯이 바를 찾는 이유는 다양하다. 비일상적인 공간에서 자신과 마주하고 싶을 때, 바에서만 구할 수 있는 귀한 술을 마시고 싶을 때, 그리고 한 가지 더 추가한다면, 나는 술 깨러 바를 찾을 때가 있다. "술 깨러 바에 간다고요?" 하고 의아하게 생각할지도 모르지만, 해장술을 마시러 바에 가는 것도 바를 이용하는 한 가지 방법이다.

아무래도 회식 자리에서는 과음하기 쉬운데 술자리를 파하고 곧장 집에 가서 쉬는 것도 좋겠지만, 모임에서 들뜬 분위기를 차분하게 가라앉히면서 술도 깨고 싶을 때, 나는 바로 직행한다. 평상시 나로 돌아오기 위함이다.

'나홀로'족 정신을 제창한 이와시타 씨는 바를 자유자재로 활용한 정말 멋진 여성이었다. 그녀가 해장술로 즐겨 마신 술은 독일의 비타계 리큐어(liqueur, 역주: 알코올 함량이 전체의

24~60%인 향긋하고 달콤한 증류주)인 운터베르그였다. 그녀는 자신의 저서에서도 "나는 너무 취해 몸을 가누기 힘들 때 운터베르그의 도움을 받았다."라고 밝히고 있다.

술기운을 가시고 싶다면 차나 주스도 좋겠지만, 거나한 기분에서 좀 더 천천히 돌아오고 싶다면 해장술용 리큐어가 제격이다. 개인적인 취향은 다르겠지만, 바텐더가 추천하는 해장술 가운데 몇 가지를 소개할까 한다.

① 와인 + 토닉워터

와인을 많이 마신 뒤, 얼음을 가득 채운 잔에 와인과 토닉워터를 붓는다. 알코올로 텁텁해진 목을 탄산수가 촉촉하게 적셔준다. 맥주 마시듯 마실 수 있는 산뜻한 맛.

② 샤르트뢰즈

운터베르그와 흡사한 약초계 리큐어. 페퍼민트가 들어가서 더부룩하고 답답한 위를 시원하게 달래준다. 단, 알코올 도수가 55도로 상당히 높은 편. 락으로 얼음을 녹이면서 조금씩 마셔야 한다. 술이 약한 사람은 피하는 쪽이 무난하다.

③ 리카르 + 샴페인

'리카르'는 프로방스산의 스타아니스, 펜넬 등이 원료인 약초계 리큐어. 샤르트뢰즈와 마찬가지로 위를 튼튼하게 해준다. 이 리카르에 샴페인이나 물을 섞으면 새하얗게 변하는데, 그 변화를 눈으로 직접 확인하는 것도 흥미롭다. 좀 과음했다 싶으면 샴페인 대신 토닉워터를 넣을 것.

이외에도 해장 칵테일은 많다. 그날 자신의 컨디션에 따라 바텐더와 상의하면서 자신만의 멋진 해장술을 찾아보자.

칼럼 4

혼자서는 아무것도 못하는 '맨'들을 위해

젊은 남성들로부터 "어떻게 하면 혼자서도 씩씩하게 밥 먹으러 갈 수 있지요?"라는 상담을 종종 받는다. 회사를 경영하고 있는 어떤 (남성) 사장님은 "우리 직원들은 같이 밥 먹으로 가는 단짝이 없으면 끼니도 굶는다고 하네요." 하며 걱정하는 얘기를 들은 적이 있다. 그러고 보면 점심시간에 우르르 몰려와서 식사를 하는 쪽은 거의 남성이다. 여성은 솔로이거나 한둘 정도. 이런 현상이 대두되는 이유는 부모의 과잉보호 때문에 정신적으로 자립하지 못한 남성이 늘었기 때문이다. 또 여성의 사회 진출은 가속화되고 있는 반면에, 남성은 그만큼 설 곳을 잃어버렸기 때문이 아닐까 싶다.

홀로서기는 여성뿐만 아니라 남성에게도 중요한 과제다. 홀로 우뚝 선 여성이 늘어나고 있는 추세로 볼 때, "혼자서는 아무것도 못해요." 하는 남성은 여성에게 버림받을지도 모른다. 훗날 퇴직한 다음 점심 한 끼도 못 차려 먹느냐고 타박 주기 전에 남편에게 '나홀로'족 정신을 가르쳐주는 건 어떨까?

Chapter 05

혼자 떠나는 여행으로 당신을 초대합니다

Lesson 20 조금만 발을 내딛으면

교통기관을 바꾸면 풍경이 바뀐다

출근길, 퇴근길에 이용하는 교통 수단을 꼽는다면, 전철이나 버스가 압도적으로 많다. 창밖으로 보이는 풍경은 이미 싫증 난 탓일까? 시선은 차창 너머가 아닌, 휴대폰이나 책에 고정되어 있다. 하루하루 시간에 쫓기며 살아가는 우리들은 목적지 도착에만 온 신경을 곤두세운다. 자세히 살펴보면 썩 괜찮은 볼거리가 있을지 모르는데, 시간과 마음에 여유가 없다 보니 많은 것들을 놓치고 지나간다.

어느 날, '이건 아니다. 이렇게 사는 건 아니다.' 싶을 땐 과감하게 교통수단을 바꾸어보자. 목적지는 동일하지만 보이는 풍경은 처음 본 듯 새롭다. 마치 짧은 여행이라도 즐긴 것처럼 들뜬 기분을 만끽할 수 있을 것이다.

개인적으로 가장 추천하고 싶은 것은 유람선! 짜증 나는 정체 구간 없이 시원하게 달리면서 여행의 맛을 느낄 수 있다. 유람선에서는 관광객을 위한 친절한 관광 안내 방송도 들을 수 있다. 무심코 지나쳤던 빌딩의 디자인을 외국의 유명한 건축가가 했다든지, 재미난 지명의 유래 등등 흥미만점이다. 역사적인 배경을 조금만 알고 있어도 사물에 대한 관점이 달라질 수 있다는 점에서 싫증 나던 거리가 새롭게 다가올 것이다.

유람선 안에는 스낵코너가 마련되어 있어서 나들이 왔다는 기분을 만끽할 수 있다. 술 얘기만 소개하는 것 같아서 조금 그렇지만, 나는 유람선을 타면 맥주와 과자를 한 봉지 산다. 물방울 섞인 바람을 맞으며 미끄러지듯 달리는 선상에서 마시는 맥주 맛은 정말 특별하다. 스트레스는 어느새 제로!

유람선 이용이 너무 거창하다고 느껴진다면 지하철 대신 버스로 바꿔 타보자. 지하철 차장 너머로 보이는 시커먼 벽 대신, 거리의 간판만 바라봐도 기분이 한층 나아질 것이다. 버스에 내려서는 구름 한 점 없는 하늘과 아침 공기를 온몸으로 느껴보자. 스스로도 놀랄 정도로 기분 전환에 도움이 된다. 어떤 교통수단이라도 좋다. 자신에게 새롭게 다가오는 풍경을 마주함으로써 여행을 떠난 듯, 기분에 취하면 된다.

다만 교통수단을 바꾸면 원래 코스보다 돌아서 갈 수 있다는 점! 지각할까 봐 가슴 조이면서 시계만 바라본다면, 거리의 풍경이 눈에 들어올 리가 없다. 그런 의미에서 시간적으로 여유 있는 퇴근길에 시도해보는 것도 좋은 방법일 것이다.

발길 닿는 대로, 마음 닿는 대로

급하게 지방 출장을 가야 할 때, 고속철도나 비행기를 이용하는 경우가 많다. 요즘은 워낙 빠르고 날쌘 교통수단이 많아서 전국 어디든 하루 만에 다녀올 수 있을 만큼 편리해졌지만, 여행에서 이동시간 자체를 즐기는 즐거움은 예전보다 많이 퇴색된 느낌이다.

제대로 된 교통수단이 없었던 시절에는 해가 뜨면 길을 떠나고, 해가 지면 발길 닿은 땅에서 잠을 청했다. 낯선 땅에서 만나는 사람이나 음식, 그리고 피곤한 몸을 달래주는 온천이 여행의 가장 큰 즐거움이었다. 뭐든지 합리적인 생활을 지향하는 현대인이라도 가끔은 옛 조상들의 '슬로 라이프'가 부러울 때도 있다. 그렇다면 오늘날에는 느릿느릿 '굼벵이 관광'을 전혀 즐길 수 없을까? 느리게 그러나 느긋한 여행 기분을 맛볼 수 있는 간단한 방법이 있다. 고속철도 대신 완행 열차를 타보는 거다.

직장을 그만둔 뒤, 나는 한 시골 온천장으로 훌쩍 떠났다. 주머니 사정이 넉넉했더라면 급행을 탔겠지만 그럴 여유가 없었다. 있는 건 오직 시간뿐. 하는 수 없이 역마다 서서 사람을 내리고 태우고 가는 완행 열차에 몸을 실었다. 기차를 타기 전에는 '무지 지루하겠지, 남아도는 시간을 어쩌지!' 하며 걱정이 태산이었지만, 타보니 정반대였다. 급행이라면 그냥 지나쳤을 시골 들판이나 아름다운 꽃, 도시 생활에서 잊고 지내던 자연의 존재를 포착할 수 있었다. 어느새 나는 느린 기차만큼이나 느긋해진 내 마음을 느낄 수 있었다. 기차가 정차하면서 타고 내리는 만남도 많아서, 할머니가 정성스레 만드신 개떡을 얻어먹기도 했고, 그 지방 고등학생에게 맛있는 라면집을 소개받기도 했다. 정말 이전에는 맛보지 못했던 여행의 정취를 만끽했다. 마음 내키면 잠시 내려서 바깥바람을 쐬고 올라올 수 있는 것도 완행만의 매력이다. 느림의 여행이 그렇게 좋은지 미처 몰랐다.

'일찍 도착해서 쉬어야지.' 하는 마음이 앞서다 보면, 여행 자체를 즐기기는커녕 조바심만 나기 마련이다.

여행의 목적이 숙소 도착이 아닌 이상, 천천히 느끼면서 여행하는 건 어떨까? 이동 자체를 즐길 수 있는 완행 여행, 목적지에 도착할 즈음 당신의 표정은 한결 부드러워져 있을 것이다.

혼자 떠나는 여행에서 얻는 것들

왜 사람들은 혼자서 훌쩍 떠나고 싶어 할까? 숙박 요금이나 식대를 감안한다면 여럿이 움직일 때가 훨씬 이득일 텐데……. 그래도 혼자 떠나는 여행을 꿈꾸는 것은 얻을 수 있는 것들이 많아서가 아닐까?

내가 처음으로 비행기를 타고 외국 땅을 밟아본 것은 25살, 친구 결혼식 때였다. 그때는 하와이에서 결혼식을 올리는 것이 유행처럼 여겨졌던 탓에 친구 덕에 하와이까지 구경을 가게 되었다. 물론 결혼식 참석이라는 어엿한 명분이 있었기 때문에 완벽한 나 홀로 여행은 아니었는지도 모른다.

원래 혼자서도 잘 노는 스타일이라 친구 부부와 헤어진 뒤에도 특별히 불안하지는 않았지만, 낯선 땅에서 홀로 있자니 신경 써야 할 부분이 한둘이 아니었다. 가장 난감했던 점은 혼자 밥 먹기! 호텔 레스토랑에는 커플 손님만 있어서

나 혼자만 붕 떠버린 느낌이었다. 여행안내 책자에 소개된 음식점도 사정은 비슷해서 어디서 뭘 먹어야 할지 난감했다. 그렇다고 머나먼 타향까지 가서 햄버거로 배를 채우기는 더더욱 싫었고.

나는 용기를 내서 호텔 직원에게 "저, 혼자서 편하게 갈 수 있는 레스토랑은 없을까요?" 하고 물어보았다.

당시 하와이는 허니문으로 유명한 관광지라서 혼자 여행하는 여성이 신기하게 여겨졌으리라. 처음에는 좀 놀란 눈치였지만 그 직원은 바로 학생들이 모이는 음식점을 소개해 주었다. 나는 떨리는 마음으로 문을 열고 들어가서 카운터 자리에 앉았다. 그리고 음식점 종업원이 추천하는 일품 요리를 주문했다. 호텔 직원의 말대로 그곳은 혼자 먹기에 양이 적당하고 종업원의 서비스도 좋아서 혼자 즐기기에 안성맞춤이었다. 나는 그때 '뭐니 뭐니 해도 부딪쳐보는 거야, 시도해 보는 거라고.' 하는 자신감을 얻었다.

이어 호텔 엘리베이터에서 위험한 상황을 만나기도 했지만, 무사히 나 홀로 여행을 마칠 수 있었다.

국내 여행이든, 해외여행이든 혼자만의 여행에서 얻어지는 것들은 비슷한 것 같다. 할 수 있다는 자신감, 그리고 또 한 가지는 자신의 힘으로 미래를 개척하고자 하는 도전 정신! 혼자 떠나는 여행은 단순히 기분 전환을 위해서만이 아니라, 자신의 인생에도 큰 도움을 준다.

왠지 어깨가 축 처지고, 매사에 의욕이 생기지 않는다면 떠나자. 뿌옇게 보이던 시계가 한순간 파랗게 바뀔 테니까.

Lesson 21 가벼운 마음으로 떠나는 온천 여행

목욕탕 자주 가세요?

갑작스럽게 독립을 선언한 탓에 이집 저집 보지도 못하고 '덜커덕' 계약을 해버렸다. 게다가 형편에 맞게 집을 고르느라 욕조가 있는 목욕탕은 엄두도 낼 수 없었다. 그런데 막상 생활해보니, 뜨끈뜨끈한 물에 몸 담글 수 있는 욕조가 너무나 그리웠다. 혼자 생활하면서 샤워만으로는 하루의 피로를 가시기가 부족할 때, 내가 즐겨 찾던 곳이 바로 공중목욕탕이었다. 전형적인 동네 목욕탕이라서 그런지 커다란 탕에 몸을 담그면 피로 회복은 물론이고 어릴 적 추억에 잠길 때도 많았다. 실제로 입욕의 효능은 과학적으로도 증명되고 있는데, 탕에 들어가 몸을 담그면 α파가 대량으로 방출된다고 한다.

목욕탕을 이용하기 좋은 시간대는 아침 일찍이나 저녁 늦게. 특히 새벽에 탕에 들어가면 일번 타자라서 더 기분이 좋다. 동네 목욕탕은 세련된 맛은 없지만, 집 가까이에서 편안하게 즐길 수 있다는 점이 매력적이다. 요즘에는 '○○사우나'라는 간판을 내건 대형 목욕탕이 많아서 좀 더 다양하게 즐길 수 있다. 뭐니 뭐니 해도 동네의 장점은 차를 타고 멀리 갈 필요가 없다는 점. 편안한 차림으로 슬리퍼 끌고 바로 갈 수 있다는 게 최고의 매력이 아닐까?

동네 목욕탕의 장점을 한 가지 더 꼽는다면, 지역 주민과의 교류를 꼽을 수 있다. 도시 생활에 익숙해지다 보면, 이웃과의 단절이 당연한 것처럼 여겨진다. 일부러 인간관계를 맺기 싫어서 벽을 두고 사는 도시인도 많지만, 가끔은 삭막하다, 서글프다는 감정이 드는 것도 사실이다. 자신이 사는 동네를 알면 생활이 풍요로워질 수 있다. 그런 점에서 공중목욕탕은 평소 단절되었던 이웃 주민들과 대화를 나눌 수 있는 사교장으로도 변신할 수 있다. 만약 이웃과 대화를 나눌 기회가 있다면, 애써 외면하지 말고 이야기를 나눠보자. 숨겨진 맛집이나 지역에서 주최하는 축제 같은 지역 밀착형 정보를 얻을 수도 있을 테니까.

동네 목욕탕은 큰돈 들이지 않고 온천 기분을 낼 수 있는 장소이다. 요즘 웰빙 바람으로 스파가 인기라고 하는데, 멀리서 찾지 말고 집 가까이 모셔둔 스파를 애용해보는 건 어떨까?

스파에서 온기를 불어넣다

스파랜드, 스파월드……. 요즘은 '목욕 간다'는 말보다는 '스파spa'라는 말을 더 자주 쓰는 것 같다. 원래 스파란 로마 시대부터 광천 온천으로 유명한 리조트인 '스파우SPAU'라는 벨기에의 리게 근처 마을 이름이었는데, 지금은 물을 이용한 목욕 시설과 미용 시설, 심신의 안정을 위한 다양한 시설을 갖춘 곳이라는 넓은 의미로 쓰이고 있다.

다양한 이벤트 탕과 각종 놀이 시설을 갖춘 찜질방이 가족 단위로 편하게 찾을 수 있는 곳이라면, 최근 등장하는 스파는 목욕 시설 이외에도 피부 미용실이나 전신 마사지를 받을 수 있도록 고급화, 전문화된 양상을 띠고 있다. 피부 미용이나 피부 건강과 목욕은 떼려야 뗄 수 없는 관계. 그래서 그런지 목욕 후에 머리에서부터 발끝까지 미를 가꿀 수 있는 곳이 여성들에게 점차 주목을 끌고 있는 것 같다. 목욕은 물론이고 전문가의 섬세한 피부 관리를 받고 싶다면 대형 화장품 회사에서 운영하는 스파도 권할 만하다. 다만 하룻밤 여왕의 기분에 취해 있기에는 가격이 부담스러운 것은 사실이다.

경제적인 면이나 편이성을 따진다면 뭐니 뭐니 해도 찜찔방이 최고가 아닐까? 사우나를 즐기다가 식사를 할 수도 있고, 휴게실에서 책을 읽을 수도 있다. 마지막에는 다시 탕에 들어가 깨끗하게 헹구고 나오면 몸도 마음도 날아갈 듯 가볍다. 멀리 온천 여행을 떠나지 않아도 긴장을 풀고 탕에서 휴식을 취하면 피로와 스트레스는 확 달아난다. 요즘 찜질방은 24시간 영업을 하는 곳이 대부분이라서 업무나 회식으로 전철이 끊겼을 때, 호텔 대신 숙박하는 실속파도 많다고 한다.

여행이라고 하면 '멀리 떠나는 것'이라고 생각하기 쉽지만, 시간이 없을 때는 일부러 멀리 가지 않아도 여행 기분을 즐길 수 있는 방법은 많다는 점, 꼭 기억해 두시길!

스트레스가 쌓이면 꾹꾹 참지만 말고, 근처 찜질방이라도 떠나보는 게 어떨까?

당일 코스로 온천을 즐긴다

지방 출장지에서 일이 끝나면, 근처 온천에 발을 담글 때가 있다. 해당 지역의 관광 안내 책자나 관광 안내소를 이용해 근처에서 갈 만한 온천 여행 정보를 입수한 뒤 온천탕으로 직행하는 것이다. 탕에서 나오면 시원한 맥주로 목을 축이면서 귀갓길을 서두른다. 온천 탕에 잠시 몸만 담궜을 뿐인데, 집에 돌아오면 느끼는 피로감의 무게가 다르다. 한결 몸이 가뿐하다. 그러고 보면 자연의 은혜, 온천이 선사하는 선물은 상상 이상으로 훌륭한 것 같다.

"온천에 가면 며칠 푹 쉬면서 피로를 풀고 싶어요!" 하는 사람도 있겠지만 시간도, 돈도 많이 든다. 시간이나 예산이 부족할 때는 당일치기 온천 여행도 좋은 방법이다. 최근에는 하루낮 코스를 마련해놓고 관광객을 부르는 온천 여관도 있다. 목욕만 하는 것이 아니라, 휴식을 위한 방과 점심을 제공해준다. 시간 제약은 있지만 방을 자유롭게 이용할 수 있고 훌륭한 점심까지 즐길 수 있어서 일거양득이다. 체크아웃까지 실컷 온천탕에 들어갔다가 피곤하면 방에서 쉰다.

숙박하지 않아도 여행 기분을 만끽할 수 있다는 점에서 '나홀로'족의 첫 여행지로 안성맞춤이 아닐까?

Lesson 22 호텔에서 마음의 때를 벗긴다

호텔로 당일치기 여행을 떠난다

아이가 있으면 훌쩍 떠난다는 건 상상도 하기 어렵다. 남편이 대단히 호의적이거나, 친정에 아이를 맡길 수 있다면 또 모를까, 결혼 뒤 여행을 떠나는 건 아무래도 무리다. 특히 숙박은 절대 안 된다는 남편도 많다. 바로 그런 분들에게 강추하고 싶은 곳이 호텔로의 여행이다.

하루낮 동안, 호텔에서 머물면서 여왕의 기분을 만끽한다. 여행으로 치자면 당일치기 여행 같은 것. 여행을 위한 모든 준비는 생략해도 되니까 아이와 일에 지친 일하는 엄마나 바쁜 커리어우먼에게 특히 인기가 있다.

요즘은 점심 식사와 호텔 내 휘트니스 클럽을 이용할 수 있는 패키지 상품이 속속 등장하고 있다. '아름답게 마사지를 받은 뒤, 우아하게 요리를 즐긴다!', 일이나 가사에 찌든 여성들에게 시원한 청량제가 될 것이다. 짧은 시간이지만 여왕이 되어 보기에는 충분한 시간이다.

나도 슬럼프에 빠졌을 때 몇 번 호텔 여행을 경험한 적이 있는데, 가격은 부담스럽지만 다시 일할 수 있는 의욕을 얻는다는 점에서 나를 위한 투자라고 생각한다. 특히 호텔에서 맛본 네일 케어는 인상에 오래도록 남아 있다. 옛날에는 수세미 손이 가족들에게 헌신하는 주부의 자랑스런 상징이었다고 하지만, 매끈한 손이 부러운 건 나만의 생각은 아닐 것이다. 내 경우에는 조금만 집안일을 해도 손이 심하게 거칠어지는 편이라서 어디 가서 손을 내밀기가 창피할 정도였다. 손이 지저분하면 아무리 화장을 깔끔하게 해도 영 기분이……. 남자들이 보면, '그까짓 손'이라고 말할지 모르지만 여자의 마음은 그게 아니다.

호화로운 호텔에서 전문가에게 양손을 내민 채, 지긋이 눈을 감고 여왕이 되어 본다. 손과 손톱 관리를 받은 뒤, 허브 향이 감도는 오일로 마사지를 받으면 손은 자르르 윤이 난다. 떨어져 나간 손톱의 때만큼이나 마음의 때까지도 깨끗하게 떨어져 나간 느낌이다.

손 전용 피부관리실을 이용하면 '거기까지'가 끝이지만, 호텔 여행은 '거기부터'가 시작이다. 계속해서 맛있는 점심이 당신을 기다리고 있을 테니까. 짧은 시간이지만 호텔로의 여행은 여성이 갖고 있는 공주의 꿈을 채워 준다.

'아이가 있으니까, 시간이 없으니까.' 하고 시도도 해보지 않고 포기하지 말고, 우선은 마음을 활짝 열고 다양한 방법을 시도해보자. 많은 시간을 들이지 않아도 잘 쉬는 방법은 얼마든지 있을 테니까.

호텔 서비스를 최대한 이용하라

시내 한복판에 위치한 호텔은 번잡한 도시 생활에서 탈출할 수 있는 가장 가까운 오아시스다. 호텔 로비에 발을 들여놓는 순간, 높은 천장에서 말할 수 없는 해방감을 느끼고, 가사나 업무 스트레스에서도 벗어날 수 있다. 많은 이들이 호텔을 '꿈의 궁전'이라고 부르는 이유는 멀리 떠나지 않아도 일상에서의 탈출이 가능하기 때문이 아닐까?

하지만 호텔이라고 하면 단순히 잠자는 곳으로 인식하는 사람도 여전히 많은 것 같다. 그런 분들을 위해 호텔을 200% 활용하는 방법을 소개해볼까 한다.

우선은 호텔의 온라인 회원으로 등록할 것. 독자적인 회원 카드를 발급해주는 곳도 있는데, 호텔의 부대 시설을 이용할 때 할인 혜택이 주어지며 포인트가 누적되기도 한다. 호텔의 경우, 이용 요금이 비싸기 때문에 단 몇 %의 할인이라도 절대 무시하지 못할 금액이다. 호텔 내 레스토랑에서는 카드를 제시하면 음료수나 디저트를 무료로 제공해주는 곳도 있다. 구체적인 서비스 내용은 호텔마다 차이가 나기 때문에, 호텔 홈페이지에서 꼼꼼하게 체크하도록 한다.

호텔 내 부대 시설 가운데 꼭 가보라고 추천하고 싶은 곳이 수영장이다. 동네 스포츠센터에 있는 수영장은 기본적으로 수영이 목적이지만, 호텔 수영장은 편안하게 쉴 수 있는 장소이다. 책을 읽으면서 샴페인을 마시거나 졸리면 비치 의자에 앉아 낮잠을 잘 수도 있다. 시간에 쫓기듯 수영만 하는 것이 아니라, 시간의 흐름에 몸을 맡기면 된다. 호텔에 따라서는 회원제로만 운영되는 곳도 있지만, 객실 투숙객에 한해서는 수영장을 무료로 개방하는 호텔도 많다.

그 이외에도 무료로 이용할 수 있는 서비스는 빠짐없이 챙기자. 이와 같은 서비스는 호텔 홈페이지에는 나와 있지 않지만, 호텔에서 누릴 수 있는 서비스는 생각보다 훨씬 많다. 숨겨진 서비스를 누리는 비결은 '긴장하지 말고 무조건 물어볼 것'.

큰맘 먹고 찾아가는 호텔 여행, 최대한 편안하게 여왕의 기분을 만끽하시길.

월요일 출근은 호텔에서

월요일부터 금요일까지 주중에는 쉴 새 없이 일하다가, 그나마 심신 모두 여유 있는 시간은 주말이다. 호텔 여행을 계획한다면 대개가 토요일에 호텔에서 1박을 하고, 다음 날 일요일은 집에서 빈둥빈둥, 그 다음 날 월요일 아침 다시 일터로 나가는 것이 일반적인 패턴이다. 그런데 조금만 시각을 달리하면, 색다르게 호텔을 즐길 수 있다.

가령 일요일에 호텔에서 1박을 하고 월요일 아침, 호텔에서 바로 출근하는 것이다. 커리어우먼을 중심으로 일요일 숙박이 주목을 끌고 있는데, 이것저것 따져 보면 이점이 한두 가지가 아니다.

특히 결혼한 여성이라면 누구나 가사 일에서 오는 스트레스를 느끼기 마련이다. 따뜻한 안방을 마다하고, 가끔은 '호텔에서 자고 싶어라.'라는 꿈을 꾸게 되는 이유 중에는 가사

노동에서 해방되고 싶어 하는 바람도 있을 것이다.

호텔 객실은 언제 찾아가도 말끔하게 청소가 되어 있어서 생활의 때라곤 찾아볼 수가 없다. 한바탕 춤을 춰도 좋을 만큼 커다란 침대에 정갈한 시트가 몸에 닿을 때마다 사각사각 소리를 낸다. 게다가 호텔 창문 너머로 보이는 경치는 보석처럼 빛나는 아름다운 야경!

비일상적인 공간에서 휴식을 취함으로써 내일을 위한 에너지를 충전할 수 있다. 현실로 돌아오는 월요일 아침에는 빵빵하게 충전된 기분을 안고 곧장 일터로 직행한다.

입지가 좋은 도심 호텔이라면 조금 늦게 일어나도 월요일의 러시아워를 피할 수 있다. 출근 스트레스에서 벗어나는 것만으로도 기분이 한결 좋아진다. 기분이 좋으면 일이 잘되고, 사내 인간관계도 부드러워진다. 이는 마음의 때를 말끔하게 털어 냈기 때문에 그만큼 마음의 공간이 넉넉해졌다는 증거이다. 이것만으로도 숙박료 이상의 뭔가를 얻은 건 아닐까?

한편 인기가 집중되는 금요일이나 토요일에 비해 일요일 숙박은 가격이 저렴하다는 이점도 있다. 호텔에 따라서는 일요일에만 누릴 수 있는 특별 서비스를 마련해둔 곳도 있으니 사전에 꼼꼼하게 체크하도록 하자.

호텔 숙박이 어려운 사람은 월요일 아침을 호텔에서 먹는

'편법'도 추천할 만하다. 1분 1초가 아까운 아침 출근 시각, 여유 있는 식사는커녕 빈속으로 출근하기 일쑤다. 그러기에 더더욱 일상에서 벗어난 아침을 즐김으로써 색다른 쾌감을 맛볼 수 있다. 숙박은 하지 않아도 호텔에서 사무실로 직행한다는 방식에는 변함이 없다. 당일 날 바로 효과를 볼 수 있다는 점에서 시간 없는 직장 여성에게 안성맞춤이다.

Lesson 23 나 홀로 여행을 두 배로 즐기기 위해

나 홀로 여행은 만반의 준비를

누구의 간섭도 받지 않고 내 맘대로 시간을 쓸 수 있는 나 홀로 여행! 한번 그 맛에 중독되면 정기적으로 짐을 꾸릴 수밖에 없다. 하지만 혼자 떠나는 여행이니만큼 만반의 준비가 필요하다. 가장 기본적이면서도 가장 신경 써야 할 부분은 역시 안전과 관련된 것.

다음에 소개하는 세 가지 준비물은 반드시 준비해서 마음 가볍게 떠나보자.

① 긴급 상황을 대비해 연락처를 메모해둔다

만약 사고를 당했을 때, 바로 연락을 취할 수 있는 연락처를 남겨두도록 하자. 물론 사고가 있으면 절대 안 되겠지만, 혹시라도 일이 생겨서 급하게 연락을 취해야 할 경우가 있을지 모른다. 그럴 때, 긴급 연락처를 쓴 메모를 지갑 속에 넣어두면 사고가 생겨도 그 번호로 연락이 가능하다. 한편 메모된 전화번호 당사자에게는 언제 출발해서 언제 돌아올 것인지를 확실하게 일러두어야 한다. 또한 여행에서 돌아오면 전화를 걸어서 무사히 돌아왔음을 알리고, 상대방을 안심시키는 일도 잊지 않도록 하자.

② 신분증을 항상 휴대한다

이것도 역시 사고에 대비하는 일이다. 주민등록증, 운전면허증 등등, 자신의 신분을 확실히 증명할 수 있는 것을 지참하도록 하자. 대형 사고가 생겨서 수술이 필요한 경우, 가족의 동의를 얻어야 할 때도 있다. 이때는 신용카드가 아닌 공적인 효력이 있는 신분증이 가장 유효하다.

③ 안전키를 지참한다

트렁크같이 커다란 짐이 있으면 화장실에 갖고 가는 것도 여간 성가신 일이 아니다. 이때 안전키가 있으면 어딜 가더라도 안심! 예전에는 해외 여행을 갈 때만 지참했지만, 국내를 여행할 때도 준비하도록 한다. 유비무환의 자세로 도난 방지에 각별히 신경을 쓰자.

나 홀로 여행에서 즐거움을 얻느냐, 얻지 못하느냐의 갈림길은 전적으로 자기 하기 나름이다. 혼자라서 더 재미있는 여행을 원한다면 사전 준비에서부터 모든 여정을 스스로 책임진다는 확고한 홀로서기가 선행되어야 할 것이다.

마음의 문을 열면 정보의 문도 열린다

잡지사에 근무한 탓인지(아니면 덕분인지), 조금이라도 궁금한 게 있으면 생전 처음 보는 사람이라도 말을 걸어야 직성이 풀린다. 기자를 그만둔 지금도 누구에게나 마음을 열고 먼저 다가가는 것이 나의 장점이라면 장점! 이런 나를 좀 괴짜라고 황당해 여기는 사람도 있지만, 덕분에 나는 나 홀로 여행을 200% 즐기고 있다고 자부한다.

하지만 '꼭 알고 싶은' 정보가 있을 때는 아무에게나 질문을 퍼부으면 원하는 정보는커녕 엉뚱한 결과를 초래할 수도 있다. 알짜배기 정보를 얻기 위해서는 사람을 봐가며 질문을 던질 것!

원하는 정보에 따라 질문 상대를 선별하는 나만의 노하우를 밝히면 다음과 같다.

① 고급 매장은 같은 또래의 여성에게

카페나 레스토랑, 마사지나 피부관리실 등 고급 매장을 찾고 싶을 때는 같은 나이 또래의 여성에게 정보를 얻는다. 화장이나 옷차림 등의 취향이 비슷한 여성이라면 금상첨화!

거의 내 취향에 딱 맞는 매장을 찾을 수 있다.

② 지역 특산물은 나이 지긋한 아주머니에게

직업병 탓인지, 여행을 가면 반드시 그 지역의 향토 음식을 구경하러 간다. 생활 밀착형 정보는 주부 경험이 풍부한 나이 지긋한 여성에게 묻는 것이 제일이다. 음식 재료의 경우 조리 방법이나 보존 방법, 심지어 음식의 역사까지 가르쳐주는 아주머니도 계신다. 베테랑 주부의 정보는 바로 써먹을 수 있는 살아있는 정보로 가득하다.

③ 싸고 맛있는 맛집은 택시 기사님께

동네 골목 골목을 헤집고 다니는 택시 기사는 맛있는 맛집을 많이 알고 있다. 나도 택시 기사를 통해 숨겨진 맛집을 많이 알게 되었다.

단, 관광도시의 경우 택시회사와 제휴한 음식점을 소개하는 경우도 있으니, 주의할 것! 그럴 때는 음식점 관련 정보를 상세하게 물어서 '관광객용' 냄새가 나는지 확인하도록 한다.

지금까지 내가 소개한 내용은 원하는 정보가 뚜렷할 경우이다. 이것저것 깊이 생각하지 않고 다양한 연령층과 대화를 나눔으로써 생각지도 못한 귀한 정보를 얻을 수 있다. 그 정보란, 저녁놀을 가장 아름답게 볼 수 있는 장소나 토속주가 일품인 술집인지도 모른다. 그 어떤 정보라도 좋다. 여행 안내 책자에 실려있지 않은 정보를 얻었을 때, 나 홀로 여행은 빛이 더해질 것이다.

관광은 혼자 힘으로

처음 가 보는 낯선 곳을 관광할 때, 가장 쉽고 편하게 이용할 수 있는 것이 택시를 이용하는 일이다. 길눈이 어두운 나는 편안하게 관광지를 둘러볼 수 있을 뿐 아니라, 시간을 단축할 수 있다는 점에서 택시를 애용했었다.

그런데 어느 날 '어 이게 아닌데.' 하며 택시 관광에 의구심을 가졌다. 그도 그럴 것이 비싼 요금을 지불했음에도 불구하고 관광을 마치고 집에 돌아오면 어디를 방문했는지조차 기억이 가물가물했기 때문이다.

경제적으로 여유가 없었던 학창 시절에는 택시 탈 돈이 없어서 지하철이나 버스를 갈아타면서 관광지 순례를 했다. 엉뚱한 장소에서 헤매거나, 목적지에 도착했을 때 이미 열람 시간을 놓쳤다든지 수많은 사건사고가 있었지만, 신기하게도 그때 방문했던 곳은 아직도 기억에 선명하다. 목적지에 '내 힘으로 도착했다.'는 성취감 역시, 쉽게 잊혀지지 않는 부분이다.

택시를 타면 출발 지점과 도착 지점을 점과 점으로 연결할 뿐, 그사이에 놓인 수많은 선은 놓치기 십상이다. 반면에 한 걸음 한 걸음 혼자 힘으로 헤쳐 나간 여정은 아주 사소한 것까지 뇌리에 남아 있다. 인적 드문 골목길이나 계단, 목적지까지 친절하게 길을 가르쳐준 사람들……. 이런 여행의 멋은 역에서 바로 택시를 타고 가면 느낄 수 없는 것들이다. 걸어가거나 대중교통 수단을 이용하면 여행지의 지리를 익히는 데에도 도움이 된다. 특히 장기간 머무를 때는 지리를 익혀두는 것이 좋다. 지도는 관광 안내소에서 배포하는 것이면 충분하다.

우선은 찾아간 도시의 상징이 되는 건물과 머무는 호텔의 위치 파악을 확실하게 해둔다. 그 다음에는 길을 헤매면서 마을의 전체 그림을 조금씩 살펴나가면 된다. 일단 자신의 다리와 눈으로 확인해두면, 다음 방문했을 때 잊지 않고 찾을 수 있다는 이점도 있다.

도보나 완행버스도 좋지만, 요즘 내가 애용하는 교통수단은 자전거이다. 도보보다는 빠르고 차보다는 여유가 있어서 좋다. 더욱이 내가 원하는 장소에 잠시 머무를 수도 있다. 혹시 토산품을 구입해도 손에 낑낑대며 들지 않아도 되니까 일거양득이다. 버스로 한두 정거장 거리라면 자전거로 충분히 즐길 수 있다.

찾아간 여행지에서 자전거를 대여해준다는 푯말이 보이거든 그냥 지나치지 말고 자전거 여행에 꼭 도전해보자.

Lesson 24 꿈에 그린 펜션으로 출발!

펜션 홈페이지는 이렇게 본다

시대는 바야흐로 인터넷 시대! 최신 뉴스는 실시간으로 업데이트되고 원하는 정보는 원클릭으로 바로바로 찾을 수 있다. 게다가 돈 한 푼 들이지 않고 원하는 정보를 입수할 수 있다. 각 기업체마다 홈페이지를 마련해두고 있어서, 우리는 홈페이지 방문을 통해 해당 기업의 현황을 꿰뚫어볼 수 있다. 숙박 시설도 예외는 아니라서 최근 홈페이지를 개설하는 곳이 급증하고 있다. 세련된 동영상 기능을 활용해서 펜션 전망은 물론이고 객실 내부, 화장실까지 꼼꼼히 보여준다. 특급 호텔과 달리 펜션의 홈페이지는 주인장의 취향이 고스란히 반영된 것이 특징이다.

머무르고자 하는 펜션의 홈페이지를 보고 요금과 특색을 살피면서 꼭 체크해야 할 부분이 바로 게시판이다. 실제 숙박했던 사람들이 올리는 덧글은 '주인 아저씨 인심이 후해요.' 등등의 솔직한 내용이 대부분이다. 게시판을 읽어보면 펜션 분위기나 주인의 성격을 대강은 파악할 수 있다. 다만, 펜션의 이미지를 해치는 글은 아예 게시판에서 삭제하는 곳도 있으니 주의할 것!

요즘은 게시판을 대신해 주인장의 일기를 올리는 곳도 있다. 인근의 지역 축제를 소개하는 등의 글도 있다. 행간 곳곳에 주인장의 개성이 담겨 있어서 직접 얼굴을 마주하지 않아도 펜션의 밑그림을 그릴 수 있다. 객실이나 욕실을 찍은 사진도 꼼꼼히 살펴봐야겠지만, 손님을 대하는 주인의 마음가짐이나 취향도 간과할 수 없는 포인트이다.

또한 방문 후기나 주인장의 글은 기후를 파악하는 데도 편리하다. 특히 산속에 위치한 펜션은 도심의 평균 기온보다 훨씬 낮기 때문에 떠나기 전에 날씨 정보를 확실하게 챙겨두자. 혼자 떠나는 여행의 경우, 모든 것을 혼자 힘으로 해결해야 하기 때문에 여행 전 만반의 준비가 필요하다. 나 홀로 여행이 익숙해지면 사소한 트러블은 즐거운 추억이 되지만, 처음으로 떠나는 초보자의 경우 조금만 문제가 생겨도 '혼자 와서 이게 뭐람. 다시는 혼자 여행 오나 봐라.' 하며 후회할 수도 있다. 첫 단추를 잘못 끼우면 다음 단추는 시도도 하기 싫은 것이 사람 마음이다. 펜션의 정보가 가득한 홈페이지를 활용해서, 혼자라서 더 근사한 추억을 만들어보자.

호텔과 콘도를 동시에

호텔은 우아한 공간에서 푹 쉴 수는 있지만, 취사도구가 마련되어 있지 않아서 여행의 참맛을 만끽하기가 힘들다. 한편 콘도는 취사도구는 갖추어져 있지만, 아파트나 다름없는 획일화된 구조로 공간이 자아내는 멋은 느낄 수가 없다.

그런 호텔과 콘도의 장점을 두루두루 겸비한 곳이 바로 펜션이 아닐까? '구름 위의 산책', '바다 산책' 등등 펜션 이름만 들어도 동화 속의 주인공이 된 것처럼 기분이 고조된다. 특히 입지 조건이 도심 호텔과 달리 자연 속에 위치하기 때문에, 전원생활을 만끽하면서 '공주'가 될 수 있다는 것도 펜션만의 장점이다.

"공주(?)가 멀리까지 가서 혼자 밥 해 먹는 건 좀 그래요."

하는 나 홀로 여행객을 위해, 요즘에는 저녁과 아침 식사를 제공해주는 호텔식 펜션도 속속 등장하고 있다. 숲속의 내

음과 함께하는 바비큐 파티는 생각만 해도 즐겁다. 특히 식사 서비스를 제공하는 펜션의 경우, 유기농 야채를 즉석에서 맛볼 수 있는 곳도 많아서 웰빙 여행으로도 손색이 없을 것이다.

다만, 펜션을 고를 때 주의할 점은 가격이 터무니없이 싸다거나 주인장의 따뜻한 마음씨가 느껴지지 않는 곳이라면 예약하기 전에 다시 한번 생각해볼 것.

인터넷 홈페이지를 이용한 예약이 주를 이루는 펜션의 특성상, 실제 찾아갔을 때 "그런 펜션 없는데요!" 하는 황당한 사기를 당하는 일도 뉴스에 심심찮게 보도되고 있다. 예약하기 전에 전화로 직접 주인장과 대화를 나누면서 꼼꼼히 체크하는 것도 좋은 방법이 될 것이다.

나 홀로 여행객을 위한 펜션 고르는 비결

제아무리 '나홀로'족의 달인이라고 해도, 펜션을 혼자 찾기는 조심스러운 것이 사실이다. 후회 없는 펜션 여행을 위한 몇 가지 포인트를 정리해보자.

① 마음이 가는 장소 선택을

가장 중요한 것은 '내가 원하는 것은 무엇인가?'에 대한 답을 스스로 내려야 한다는 것이다. 인적이 드문 조용한 곳에서 쉬고 싶다든지, 스키장에서 스키를 타고 싶다든지, 온천욕을 즐기고 싶다든지, 여행의 목적을 확실히 해야 후회하지 않는 여행이 될 수 있다.

② 시간대는 주중에

주중에는 주말에 비해 요금이 저렴하고, 비어 있는 객실이 많아서 훌륭한 서비스를 받을 수 있다. 커플이나 가족 동반이 많은 주말에 비해 조용히 쉴 수 있다는 점도 장점이다. 가능한 평일을 이용할 수 있는 지혜를 모아보자.

③ 인기 있는 곳의 예약은 여행 직전에

항상 만원인 인기 펜션의 경우, 1인 고객의 예약을 몇 달 전부터 받아주는 곳은 많지 않다. 편법이지만, 여행을 떠나기 직전에 전화하면 의외로 쉽게 예약할 수도 있다. 도박에 가까운 일이지만, 예약 취소 손님도 있을 수 있기 때문에 운은 하늘에 맡기고 배팅해본다. 다만, 너무 임박해서 예약을 하며 식사 준비가 미흡할 수도 있으니까 예약할 때 확인해둘 것!

④ 주변 관광지도 두루두루

펜션에서 '방콕' 하고 지내는 것도 나쁘진 않지만, 단조로운 일상에 싫증 내는 사람도 있을 것이다. 그럴 때는 과감하게 주변 관광을 떠나보자. 펜션 주인에게 물어보면 가까운 관광 명소는 물론이고, 숨겨진 비경도 쉽게 알 수 있을 것이다. 달랑 지도 하나 들고 떠나는 것도 펜션 여행의 또 하나의 멋이다.

특색 있는 펜션에 머무르는 동안, 자신과 궁합이 맞는 숙박지를 고르는 안목이 생긴다.

처음 간 곳이 50점이라고 너무 실망하지 말고, 도전 정신으로 개척해보자!

칼럼 5

진정한 '나'를 찾고 싶다면

최근 많은 사람이 정신 건강을 위한 산사 체험 등 웰빙 문화 체험을 선호하고 있다. 산사 체험이란 짧은 기간 동안 산사에서 생활하면서 절에서의 일상과 수행, 불교문화 등을 배우고 체험하여 세속에 매어있던 마음을 스스로 경건하고 맑은 정신으로 만드는 기회를 가지는 것이다. 고즈넉한 산사 가득 울려 퍼지는 풍경소리를 들으며 마음의 여유를 찾는 '출가出家' 여행을 떠나보자. 그곳에 가면 세속의 번뇌로부터 자유로워진다.

다만, 산사 체험의 프로그램에 따라서는 일반인들에게 버거운 수행도 있을 수 있다는 점은 알아두고 떠나자. 새벽 3시의 기상부터가 심상치 않은 산사 체험은 그래도 다시 찾는 사람들이 많고, 정기적으로 참가하는 일반인도 많다는 얘기를 들으면 다소 의외다.

차분히 '나'를 되돌아보면서 마음을 깨끗하게 씻고자 하는 사람이 많다는 건, 그만큼 세상이 팍팍해졌다는 반증일까?

Chapter

시대는 '나홀로'족을 원한다

06

Lesson 01 '나홀로'족의 탄생

'나홀로'족은 반짝 유행이 아니다

현대인은 특히 유행에 민감하다. 봄에는 핑크색이 유행하는가 싶더니, 여름에는 보라색이 거리에 넘쳐난다. 나 정도 나이가 되면 유행 따라 잡기는 거의 포기해야 할 정도다.

유행을 창조하는 곳은 뭐니 뭐니 해도 대중 매체! '나홀로'족도 방송을 타고서 유명해진 것은 사실이다. 하지만 분명히 말해 두고 싶은 것은 '나홀로'족은 반짝 유행이 아니라는 점이다. 미래를 즐겁게, 그리고 똑똑하게 살아나가기 위한 정신적인 매너라는 점을 다시 한번 강조해두고 싶다.

잡지나 텔레비전을 통해 '나홀로'족이 유행한다는 사실을 접하고 단지 호기심에 이끌려 혼자 레스토랑에 가고, 혼자 술집에 가 본다. 하지만 사전 준비 없이 찾아간 음식점에는 다 쌍쌍이 붙어 앉아 있다. 그 장면을 보면 오히려 스트레스만 쌓이기 쉽다.

'뭐야, '나홀로'족이 유행이라고, 아무리 유행이라고 해도 난 싫어!' 하며 불만이 부글부글, 그러면 다시는 '나홀로'족을 실천할 수 없을 것이다. 내가 가장 염려하는 부분이 바로 그런 점이다.

스포츠를 예로 든다면 스키 왕초보를 상급 코스에 데리고 갔다면? 부들부들 떨다가 스키의 묘미는커녕 스키라는 소리만 들어도 기겁하게 될지 모른다. '나홀로'족도 스포츠와 마찬가지로 전혀 경험 없는 초보가 갑자기 고급반을 겨냥하는 것은 위험하다.

지금 그리고 앞으로 험난한 세상을 헤쳐 나가기 위해서는 '나홀로'족 정신은 반드시 갖추어야 할 덕목이다. 하지만 '나홀로'족 철학이 모든 사람에게 100% 적용된다고는 말할 수 없을 것이다. 인간의 개성은 천차만별이니까. 개중에는 절대로 혼자서는 안 된다는 사람도 분명 있기 마련이다. '모두가 하니까, 유행이니까.' 하는 안일한 생각으로는 절대 오래 가지 못한다. 그리고 형식이 자신에게 맞지 않는다고 생각하면 굳이 고집할 필요도 없다. 그저 '나홀로'족 정신을 잊지 않고 실천하고자 노력하면 된다. 그러면 언젠가는 당신도 근사한 '나홀로'족이 될 수 있을 것이다.

Lesson 26 '나홀로'족의 사회적 배경

불황이 역풍?

이제는 불황이라는 말을 들어도 전혀 낯설거나 생소하지않다. 아니 하도 오래 들어서 친숙할 정도이다. 보이지 않은 긴 터널을 지나면서 '도대체 이 터널은 어디가 끝이야.' 하는 불안감을 느끼며 하루를 살아가는 건 비단 나만은 아닐 것이다. 그러나 세상사 모든 일이 그러하듯, 불황이 장기화되면서 좋은 점도 생겼다. 그것은 '나홀로'족 정신을 가진 여성이 급증했다는 점이다.

거품 경제 시절부터 여성의 사회 진출은 두드러졌다. 나도 경험했지만 거품이 한창일 때는 정말 이력서만 넣으면 바로 그날로 취직되는 그런 좋은 시절도 있었다. 물론 지금은 상상도 할 수 없는 일이지만. 같은 시기에 여성 고용 촉진법이 개정되어서 커리어우먼이 일하기 쉬운 토대가 갖추어진 것도 여성의 사회 진출에 박차를 가했다.

하지만 당시 여성들의 결혼관은 여전히 백마 탄 왕자님

을 바라는 신데렐라 환상이 만연했다. 그렇지 않은 여성도 많았지만 '대충대충' 자리만 보존하는 직장 여성도 꽤 있었다.

거품이 걷히고, 장기 불황의 막이 오르면서 평생직장이라는 말은 고어사전에서나 구경할 수 있는 구닥다리 단어가 되고 말았다. 언제 잘릴지 모르는 현실 속에서 더 이상 남편의 수입에만 의지할 수는 없었다. 전업주부도 생계를 책임지며 세상 속으로 돌진할 수밖에 없었던 것이다. 사회 속으로 뛰어든 여성들은 자신의 힘으로 자립하고 또 돈을 벌 수 있다는 사실을 실감하게 된다. 이로 인해 자립은 더욱 가속화되었고, 결과적으로 '나홀로'족 정신을 가진 여성이 순식간에 늘어났다.

지금은 누군가에게 의지해서 살아가기 어려운 시대. 그러기에 '나홀로'족 정신은 여성들의 전폭적인 지지를 얻으면서 그 세력 확장에 박차를 가하고 있다.

불황이 '나홀로'족을 분발시켰다. 그렇게 생각하면 불황의 쓰라린 경험이 쓸데없는 일은 아닌 듯하다. 물론 불황의 터널을 하루라도 빨리 빠져나가길 간절히 바라지만……. 만일 거품 시대가 다시 찾아온다 하더라도 '나홀로'족 정신을 갖춘 여성이 자취를 감추지는 않을 것이다. 왜냐하면, 자신의 소중함을 마음속에 깊이 새겼을 테니까.

스트레스 사회가 '나홀로'족을 낳았다

아로마테라피, 경락 마사지 등등 거리에 나가면 도심 도처에서 치유의 공간을 만날 수 있다. 이들 장소에는 젊은 여성들로 북적댄다. 주말에는 예약도 꽉 찬 상태다.

백화점에 가면 애완 인형을 필두로 수많은 치유 상품이 날개 돋치듯 팔리고 있다. 며칠 전에는 우아하게 정장을 차려입은 커리어우먼이 애완 인형을 사 가는 모습을 보고 깜짝 놀란 적이 있다. 아로마나 웰빙 상품뿐만 아니라 마음을 치유해주는 상품은 호황을 누리고 있다고 한다.

불황의 늪에 빠지기 전에는 '치유'라는 단어는 사람들 관심 밖의 단어였다. 치유 상품을 사려면 특수한 장소에 가야만 구경할 수 있었고 그나마 수요자는 몇몇 일하는 여성뿐이었다.

세상이 아무리 남녀 차별이 없어졌다고는 하지만, 남자들

틈바구니에 끼여 그 속에서 살아남으려면 인생의 쓴맛을 배로 느껴야 했을 것이다. 게다가 조직에서 인정받으려면 남자보다 더 많이, 더 악착같이 일해야만 한다. 과도한 업무량에 질투와 온갖 중상모략을 견뎌내며 더러 성희롱까지 당하면서 정신적인 상처를 안고 사는 여성도 적지 않았다.

심신 모두 지친 여성들이 찾는 것은 황폐해진 마음을 치유해주는 것들. 여성들은 온천이나 근사한 레스토랑을 찾으면서 다양한 치유 방법에 도전했다. 그 종착지가 바로 '나홀로'족이다.

직장에서 항상 타인의 눈치를 보면서 전전긍긍하는 사람이라면, 개인 시간까지 타인에게 신경을 쓰고 싶지는 않을 것이다. 타인을 의식하다 보면 스트레스 해소는커녕 반대로 스트레스가 팍팍 쌓일 테니까.

'휴식만큼은 내 맘대로 쉬고 싶다!'

그런 간절한 염원을 가진 여성들은 '누군가와 함께'라는 생각을 과감히 버리고 혼자서 행동하는 길을 선택했다. 실제 혼자만의 쾌적한 경험을 통해 '나홀로'족이 자신의 상처를 치유해줄 수 있다는 사실을 깨달았다.

치유가 필요한 사람은 커리어우먼만이 아니다. 하루 종일 가사에 시달리는 전업주부도 마찬가지이다. 회사는 근무시간이 정해져 있지만, 가사는 종일 해도 끝이 없다. 자신의 시간을 가질 수 없다는 사실은 참기 어려운 스트레스로 작용한다.

예전에 비해 '여인 천하'가 되었다고는 하지만 그래도 여자가 살아가기에 세상은 만만치 않다. 이런 현실 속에서 '나홀로'족 문화가 탄생한 것은 어쩌면 당연한 귀결이 아닐까?

시대가 바뀌었다

각종 매체를 통해 '나홀로'족이 소개되면서부터, "오호, '나홀로'족이라, 너무 앞서가는 거 아니에요!"라는 비판을 심심찮게 듣고 있다. 물론 남성들로부터.

하지만 '나홀로'족 정신은 하루아침에 하늘에서 쿵 하고 떨어지지 않았다.

가부장적인 사회 속에서 현모양처가 여성의 최고의 가치관으로 숭상되던 시절, 여성은 남편이나 자식을 위해 자신의 인생을 희생하는 일만이 미덕으로 여겨져 왔다. 그런 현실 속에서 여성도 자아를 확립해야 한다고 호소하는 이도 많이 있었다. 그러나 유감스럽게도 그런 입장은 페미니스트로 일축되어 대중들에게 큰 호응을 얻지는 못했다. 하지만 분명한 사실은 꽤 오래전부터 '나홀로'족 정신을 가진 여성이 조금씩 늘어나고 있었다는 점이다. 다만 그녀들이 구체적인 활동을 할 수 있을 만큼의 사회 환경이 갖추어지지 않았을 뿐.

학창 시절부터 우르르 몰려다니는 걸 별로 좋아하지 않았던 나는 거의 모든 면에서 혼자 행동했다. 나는 무남독녀로, "우리가 죽으면 너 혼자만 남으니까, 너 혼자서도 살아가는 방법을 찾아야 한다."라는 부모님 말씀을 거듭 듣고 자랐다. 어린아이가 듣기에는 가혹한 말이었지만 그 가르침은 옳다고 생각한다.

부모님의 가르침 덕분에 극장은 물론이고 맛집이 있다고 하면 어디라도 혼자서 찾아갔다. 하지만 당시 음식점이라고 하면 애인이나 동성 친구 등 '누군가와 함께'가 상식이었다. 대학 시절 재즈가 흐르는 바에 혼자 들어갔다가, 웨이터로부터 "어? 혼자 오셨어요?" 하며 별종 취급을 당한 적도 있었다. 그나마 혼자서 맘 편하게 찾을 수 있는 곳은 패스트푸드점이 고작. 그 이외 모든 음식점은 커플 고객을 위한 인테리어가 주류를 이루었다.

"'나홀로'족이 되고 싶어도 적당한 장소가 없다!"

당시 그런 아쉬움을 품었던 여성은 비단 나만은 아니었을 것이다.

지금 생각해보면 사회 분위기가 '나홀로'족 가치관을 간신히 쫓아오고 있다는 느낌이 든다. 카페 문화가 일반화되면서 레스토랑이나 바에서도 1인 여성 고객을 위한 내부 장식에 신경을 쓰고 있는 것 같다. 음식점뿐만 아니라, 호텔에서도 '외톨이' 마케팅이 붐을 일으키는 등 '나홀로'족을 실천할 수 있는 토양이 점점 다져지고 있다.

그러나 아직도 많은 남성분은 "여자 혼자서 뭘 하겠다고?" 하며 곱지 않은 시선으로 보고 있다. 하루라도 빨리 '나홀로'족 정신이 널리 퍼져나가길 간절히 기대해본다.

Lesson 27 지금 왜, '나홀로'족인가?

자신을 위해 아낌없이 돈을 쓰는 '나홀로'족

며칠 전, 시내 유명한 주류 판매점에서 재미난 이야기를 들었다. 그 매장은 사무실 밀집 지역에 위치한 터라, 저녁이 되면 직장인들로 북적댄다. 그런데 남성 고객은 가격표를 보고서 술병만 들었다 놓았다 망설이지만, 여성 고객은 마음에 드는 술이 있으면 가격에 구애받지 않고 바로 사 간다고 한다.

이는 호텔업계도 사정은 마찬가지인 것 같다. 여성을 위한 특별 이벤트는 심심찮게 소개되지만, 남성을 위한 특별 이벤트는 거의 찾아볼 수가 없다.

이유인 즉, 남성은 시간과 공간에 돈을 지불하는 것을 굉장히 아깝게 생각한다고 한다. 눈에 보이는 실리적인 물건에 지갑을 여는 것이다. 호텔에서 돈을 쓰더라도 바가 고작인 그들에게 호텔을 꺼리는 이유를 물으면, "집이 있는데 뭐 하러 비싼 호텔에 묵습니까. 그것도 혼자서요!" 하고 반문한다. 또 여성이 즐기는 '나에게 주는 선물' 따위는 꿈도 꾸지 못한다. 실제로 남성의 경우, 혼자서 생계를 책임져야 하는 가장이 많기 때문에 하룻밤에 몇십만 원 하는 호텔에서 혼자만을 위한 시간을 갖기란 쉽지 않을 것이다. 이런 사정 때문에 호텔이나 레스토랑에서는 남성 고객보다는 여성 고객을 겨냥해 활발한 판촉 활동을 벌이게 되었다.

특히 경제적으로 자립한 '나홀로'족은 자신이 공감만 한다면, 지갑을 여는 데 주저하지 않는다. 그것이 진정으로 자신을 위하는 길이라고 생각한다면, 하룻밤에 몇십만 원이라도 아까워하지 않는다. 바로 이와 같은 수요에 주목한 이가 여심 마케팅을 구사하는 기업이다. 기존에는 가족 동반이나 커플을 주요 고객으로 모셨던 음식점도 1인 고객을 위한 카운터 자리를 마련하기 위해 내부 장식을 바꾸고 있다. '나홀로'족에 냉담했던 전통 여관도 변모하기 시작했다. 불황의 늪에서 온천 여관에서 돈을 쓰는 고객은 가족 동반이 아닌, 1인 여성 고객이라는 사실을 눈치챈 것이다.

아직은 갈 길이 멀지만 그래도 '나홀로'족을 위한 주변 환경은 조금씩 갖춰지고 있다는 느낌이 든다. 앞으로 혼자만의 시간을 갖고자 하는 '나홀로'족이 늘어난다면, 1인 고객을 겨냥한 외톨이 마케팅은 더욱 빛을 발할 것이다. 수요를 따라가는 기업이 움직이면, 사회 분위기도 '나홀로'족에게 더 유리한 방향으로 움직이지 않을까?

되로 주고 말로 받는다는 생각

사람은 누구나 눈앞의 이익에 얽매이기 쉽다. 하지만 작은 이익만 좇다 보면 큰 것을 놓치기 쉽다는 사실!

'되로 주고 말로 받아라.'는 말은 바로 '나홀로'족을 타깃으로 하는 장사를 두고 하는 말이 아닐까 싶다.

얼마 전까지만 해도 음식점이나 호텔에서는 여성 1인 고객은 성가신 존재였다. 특히 숙박업소에서는 '나홀로 여성'은 가능한 받고 싶지 않은 '불청객'이었다. 평소 가깝게 지내는 모 숙박업소의 사장 이야기에 따르면, 예전에는 여자 혼자서 객실에 투숙했다가 자살해 버리거나 갑자기 행방불명되는 등의 불미스런 사건·사고가 많았다고 한다. 업계가 좁다 보니, 어디에서 사건이 생기면 소문은 일파만파로 퍼지기 마련. 그래서 '1인 여성 고객=요주의 인물'이라는 공식이 성립되었다는 것이다.

또 1인 고객은 수익 면에서도 손해다. 전통 여관은 한 방에 두 명에서 네 명이 적정 인원이다. 아무리 요금을 많이 받는다 해도, 1인 고객보다는 4인 고객이 훨씬 이익이다. 빈 방이 있는데도 1인 고객을 받지 않는 이유는 수익 면에서의 손실이 상당 부분을 차지한다.

그러나 기존의 낡은 시각을 버리고 1인 여성 고객을 환영하는 숙박업소도 많아졌다. 얼마 전에 온천 여관의 주인장으로부터 재미난 이야기를 들은 적이 있다.

그 여관은 원래 단체 손님을 중심으로 영업하고 있었는데, 불황의 여파로 여관을 찾는 손님들의 발길이 뚝 끊어졌다. 어느 날 전화 예약이 들어왔다. 한창 장사가 잘될 때 같으면, 1인 고객은 어림도 없었지만 워낙 사정이 좋지 않아서 시험 삼아 '나홀로' 손님을 받아보았다. 물론 1인 고객이라고 해서 홀대한 것이 아니라, 최선을 다해 대접했다고 한다. 그 고객이 돌아가고 며칠 뒤, 한 통의 전화가 걸려 왔다. 20명 단체 손님을 받을 수 있느냐고. 나중에 알게 된 사실이지만, 그 고객은 한 중견 기업의 경영자였다고 한다. 그 여관은 그 일을 계기로 1인 고객을 편하게 모실 수 있도록 객실을 새로이 단장했고, 지금은 평일에도 손님들로 만원을 이룬다고 한다.

바로 위에서 소개한 여관의 사례가 '되로 주고 말로 받는'

격이 아닐까? 눈앞의 이익에만 급급하지 말고, 멀리 내다볼 줄 알아야 큰 이익을 취할 수 있다. 앞으로 이런 유연한 발상을 가진 경영자만이 성공을 거머쥘 수 있을 것이다.

언젠가는 혼자

나는 정신적으로 심한 상처를 받으면 친정에 잠시 머무르곤 한다. 친정에 가서 뭐 특별하게 하는 일은 없다. 뒹굴뒹굴 텔레비전을 보거나 고양이를 목욕시키는 게 고작이다. 그 정도라면 집에서도 할 수 있는 일이지만, 그래도 한결 마음이 가벼워진다.

친정에 가면 "저 왔어요." 하고 목소리를 높인다. 현관문을 열고 들어서는 순간, 어머니의 손맛이 코를 찌른다. 식탁에 앉아서 어머니가 타 주시는 차를 마시면 '아, 친정에 왔구나.' 하며 마음이 편해진다. 어떻게 들릴지도 모르지만, 친정은 내가 유일하게 어린아이로 되돌아갈 수 있는 마음의 안식처다.

따뜻한 보금자리 속에는 내가 가장 사랑하는 부모님이 계신다. '엄마 아빠는 언제나 저 자리에 변함없이 계시면 얼마나 좋을까.' 하는 생각은 친정에 갈 때마다 기원하는 나의 간절한 바람이다.

인생이란 모래사장의 장애물 달리기라고 생각한다. 어린 시절에는 장애물 달리기를 하다가 넘어져도 주위가 온통 모래밭이라서 아프지도 않고 크게 다치지도 않는다. 부모님, 할아버지, 할머니, 가족들의 따뜻한 사랑이 모래사장을 가득 메우고 있다.

하지만 시간이 흐르면서 주위의 모래는 조금씩 쓸려나간다. 결혼하고 자식이 생기면, 다시 모래는 채워지지만 그것도 영원하지 않다. 자식들이 저마다의 둥지를 새로 마련할 즈음이면, 모래도 소리 없이 쓸려나갈 테니까.

세월이 흐르면서 모래는 쓸려 가고, 마지막에 남는 건 험난한 장애물뿐이다. 하지만 우리는 모래가 다 씻겨 나간 뒤에도 인생이라는 달리기를 멈춰서는 안 된다. 달리기를 하다가 넘어져도, 무릎이 까져도 다시 일어나서 앞으로 나아가야만 한다. 바로 그것이 인생이 아닐까?

평소 가족들의 죽음을 의식하면서 생활하는 사람은 거의 없을 것이다. 부모님은 물론이고 남편이나 자식이 먼저 떠난다는 생각은 상상도 할 수 없는 일이다. 하지만 드라마가 현실이 될 수도 있다.

갑작스런 사고나 병으로 사랑하는 사람이 떠나 버린다면? 설령 모래가 씻겨 나가더라도 혼자서 꿋꿋하게 달릴 수 있는지 곰곰이 생각해봐야 할 것이다.

사람은 태어날 때부터 마지막 순간까지 혼자이다. 아니 홀로 일어서고 홀로 걸어가야 한다. 이와 같은 진실을 깨닫는 사람만이 '나홀로'족 정신을 온전히 이해할 수 있고 실천해 나갈 수 있다.

Lesson 28 '나홀로'족이여, 영원하라

싱글에 대한 편견을 떨치며

"결혼 적령기라는 말, 아직도 있어요?"

나도 결혼 적령기라는 단어는 이미 사어死語라고 생각했다. 얼마 전까지는 나도 그렇게 믿었다. 내 주위를 봐도 싱글이 부지기수였고, 싱글을 더 이상 특별하게 생각하지도 않았다. 물론 사회 분위기도 그럴 것이라고 믿었지만 그것은 어디까지나 내 생각이었을 뿐.

어느 날 밤, 지방에서 올라온 한 친구가 힘없는 목소리로 전화했다. "무슨 일 있니?" 하고 묻자, 시골에 있는 부모님께서 "올 설에는 집에 올 생각하지 말아라."며 친구한테 엄포를 놓으셨다고 한다. 사연인 즉, 서른다섯이 넘도록 시집도 못 갔다고 친척들이, 동네 사람들이 말을 한다나 어쩐다나! 친구의 얘기를 듣는 순간, '아, 이게 현실이구나.' 하며 그제서야 깨달았다. 친구의 사례뿐만 아니라, '여자의 행복은 결혼'이라고 생각하는 사람이 의외로 많다.

흔히 말하는 '결혼 적령기'라는 고개를 넘어서면, "뭔가 문제 있는 거 아냐?" 하며 사람들의 입방아에 오르내리게 된다. 심지어 술자리에서 "결혼하지 않는 여자, 아이를 낳지 않는 여자는 죄인"이라고 말하는 남성도 있다. 여성이 사회 곳곳에서 성공을 거두고 있는 오늘날, '도대체 지금 무슨 소리를 하고 있는 거야? 지금 시대가 어느 때인데!' 하며 울컥 화가 난다.

싱글은 사회생활을 할 때도 왕따 당하기 일쑤다. 특히 부동산 매매 계약이나 은행 대출 등에서 불이익을 당할 때가 많다.

기혼자 가운데는 이혼을 간절히 원하지만, 생활 능력이 없어서 그냥 참고 산다는 사람도 꽤 있다. 그런 사람들에 비하면 홀로서기가 가능한 싱글이 훨씬 당당할 것 같은데, 세상의 눈은 그렇지만도 않은 것 같다.

사이코, 고집불통, 이기주의자…….

이처럼 싱글을 부정적으로 바라보는 사람이 많다. 싱글에 대한 그런 편견을 떨치는데, '나홀로'족이 한몫 톡톡히 해내리라 기대한다. 그도 그럴 것이 '나홀로'족이 더 이상 특수한 예외가 아니라는 인식이 확대된다면, 혼자 사는 것도 삶의 하나의 방식으로서 있는 그대로 받아들여질 테니까. 제1장에서 소개했듯이, 싱글과 '나홀로'족은 전혀 별개의 것이지만, '나 홀로'에 대한 사회적인 인식이 바뀌면, 싱글을 바라보는 눈도 훨씬 부드러워지지 않을까?

"결혼, 할 수도 있고 안 할 수도 있고, 개인의 선택이잖아!"라는 다양성이 받아들여질 때, '나홀로'족을 실천할 수 있는 사회적 환경이 뿌리내릴 수 있을 것이다.

불황을 날리는 기폭제

"거참 요즘 죽을 맛입니다!"

거나한 기분으로 택시에 몸을 실었더니, 택시 기사의 하소연이 쏟아졌다. '거리가 너무 짧아서 기사님이 화가 났나?' 하며 뜨끔해서 자세히 들어보았더니, 이유는 다른 데 있는 것 같았다.

하루가 다르게 택시 손님이 줄어들어서 정말 죽을 맛이라는 것. 가까운 거래처 직원의 말에 따르자면, 절대 택시 이용은 금물이란다. 급박한 일이 아닌 다음에야 택시를 이용할 수 없고, 만약 이용한다면 그 사유를 소상하게 적어내야 된다고 한다.

다양한 손님을 태우는 택시는 세상의 움직임에 민감할 수밖에 없다. 즉 택시의 매출은 경기와 직결된다. 그런 의미에서 나는 택시 기사님들이 "경기, 좋아졌네." 할 때가 진짜 불황을 벗어난 순간이라고 생각한다.

불황의 여파로 수입이 줄고, 결과적으로 사람들은 지갑을 열지 않는다. 돈은 세상에서 돌고 돌아야 하는데 돈이 돌지 않아서 망하는 기업이 부지기수다. 회사가 망하니까 실업자가 늘어나고, 결국 불황의 골은 깊어진다. 이런 불황의 악순환을 과감하게 끊을 수 있는 묘안이 '나홀로'족이 아닐까?

앞서 소개했듯이 '나홀로'족은 자기 투자에 돈을 아끼지 않는다. 지갑을 아낌없이 열어주는 1인 여성 고객은 기업 입장에서 보면 고마운 고객. 따라서 '나홀로'족을 대상으로 한 설비 투자를 아끼지 않는다. 그러면 더욱 '나홀로'족이 늘어나 수익이 올라간다. 기업의 경제가 활성화되면 세상에 돈이 돌기 시작한다.

한편 이런 관점도 가능하다. '나홀로'족의 기본은 정신적인 자립. 혼자만의 시간을 가지면서 경제적인 자립도 인식하게 된다. 전업주부도 예산을 마련하기 위해 적극적으로 경제 활동에 가담하고자 한다. 일하는 사람이 늘어나면 납세자가 늘어나서 국가 경제에도 보탬이 된다.

나는 경제평론가가 아니다. 때문에 희망적인 예측만 하고 있지만, 전혀 터무니없는 이야기는 아니라고 본다. '나홀로'족의 경제 효과가 큰 부분을 차지하는 것은 아니지만, 불황의 고리를 끊는 기폭제 역할을 충분히 해내리라 기대한다.

'나홀로'족으로 행복하게!

"사랑하지도 않는 사람과 단지 돈 때문에 함께 산다!"

주위 친구들 가운데 그런 안타까운 경우가 종종 있다. 가까운 친구로부터 그런 상담을 받으면 가슴이 답답해지면서 화가 날 때도 있다. 다음은 내 친구 이야기.

그 친구는 신혼 초부터 시작된 남편의 외도 때문에 가슴앓이를 했다고 한다. 처음 외도 사실을 알게 되었을 때 방을 따로 쓰면서 사실상 가정 내 별거 생활이 시작되었다. 함께 식사를 나눈다거나 대화를 나누지도 않는다. 매달 생활비 얘기만 할 정도. 그녀는 초등학교에 입학한 아이가 커 가는 모습을 지켜보는 일과 남편 카드로 쇼핑하는 일이 기쁨의 전부이다. 인생의 목표는 없고, 하루하루를 그냥 사는 것, 입을 열면 남편 험담만 쏟아진다. "그렇게 싫으면 이혼을 생각해보는 건 어때?" 하고 조심스럽게 물으면, "흥, 무슨 소리. 어떻게 살라고. 내가 이 나이에 뭘 해서 혼자 먹고살겠니!" 하며 고개를 내젓는다. 그녀는 오랫동안 타인에게 의존한 채로 살아왔기 때문에 혼자 서는 방법을 잊어버렸다. 애정 없는 결혼 생활하는 그녀의 처지가 진심으로 걱정되지만, 내가 딱히 도와줄 방법도 없다.

여성의 권리 주장이 지금처럼 큰 목소리를 내지 못하던 시절에는 이혼하고 싶어도 할 수 없는 상황에 처해 있었다. 홀로서기를 하고 싶어도 마땅한 일자리가 없었고, 현모양처가 되기 위한 교육만 받아온 탓에 홀로서기의 인식 자체도 턱없이 부족했다.

하지만 시대는 변했다. 정말 일하고자 하는 마음만 있으면 일자리는 얼마든지 구할 수 있다. "자격증이 없는데요", "나이가 너무 많은데요." 하는 약한 소리는 그저 핑계일 뿐이다.

자격이나 경험보다 중요한 것은 '나홀로'족 정신이다. 타인에게 의지하지 않고 자신의 힘으로, 자신의 두 다리로 우뚝 서려는 마음만 있다면 운명은 반드시 열리기 마련이다. 처음에는 시련의 연속일지도 모른다. 하지만 애정 없는 남편과 가면을 쓰고 살아가느니 혼자서 열심히 살아가는 게 훨씬 더 의미 있는 일이라고 생각하지 않는가?

인생은 짧다. 인생을 즐기기에도 너무 짧은 순간들이다.

누구도 대신해주지 않는 자신의 인생을 진정으로 구가하고 싶다면, '나홀로'족 정신을 길러라. 잿빛 오늘이 장밋빛 내일로 바뀔 것이다.

'혼자서'라는 단어가 매력적으로 다가올 때, 그때가 바로 '나홀로'족의 첫발을 내디딜 순간이다.

인간이 살아가는 데 가장 필요한 '자립'의 중요성

'나홀로'족의 제창자인 이와시타 쿠미코 씨가 세상을 떠난 지도 어언 3년이 지났다. 그동안 길지 않은 인생을 살아왔지만 정말 많은 사람들과 이야기를 나누었다. 대화를 나누면서 느낀 점은 혼자서는 아무것도 못 하는 사람이 의외로 많다는 사실이다. '혼자서'가 당연한 것으로 생각하던 나로서는 그런 분들을 접할 때마다 적잖이 놀랐다. 동시에 이와시타 씨가 제창한 '나홀로'족이라는 지적 재산을 많은 사람들에게 제대로 알려야겠다고 생각했다.

여성 주간지 기자로 활동하던 시절, 처음으로 이와시타 씨를 만났다. 음식에 조예가 깊었던 이와시타 씨를 취재한 것이 계기가 되었다. 전화로 첫인사를 나눈 뒤, 취재를 겸해 음식점에서 첫 만남을 가졌다. 약속 시간 정각에 나타난 이와시타 씨의 첫인상은 생각보다 부드러웠다. 잡지나 텔레비전에서 보았던 그녀의 인상은 여장부처럼 씩씩하게 비춰졌지만, 자그마한 체구(신장도 나랑 비슷한 152㎝)에 연약해 보이기까지 했다. 하지만 강렬한 눈썹과 빛나는 눈동자는 강한 의지의 소유자라는 걸 단번에 확인시켜 주었다.

아니나 다를까, 맥주와 청주를 적당히 마시면서 대화를 이끌어 가는 이와시타 씨에게서 위풍당당한 여걸의 느낌을 진하게 받았다. 더욱이 상대방을 배려하는 마음 씀씀이에 감동받은 나는 즉석에서 그녀의 팬이 되었다. 같은 동향同鄕이라는 점, 술을 무지 좋아한다는 점 등등 서로 공통점이 많아서 그 뒤에도 가끔 연락을 하며 지냈다. 나에게 이와시타 씨는 내가 가장 존경하는 언론인이자, 믿고 의지할 수 있는 언니 같은 존재였다.

슬픈 소식은 어느 날 갑자기 찾아왔다. 여름 향기가 잔잔히 남아 있던 9월, 우편함에 큰 봉투가 눈에 띄었다. 봉투 안에는 빨간 표지가 인상적인 이와시타 씨의 저서와 그녀의 부고를 전하는 편지가 동봉되어 있었다. 너무나 갑작스런 일이라서 믿기지 않았다. 나는 한참을 그 자리에 그렇게 서 있었던 것 같다.

"다음엔 초밥 집에서 만나요!"

본문에서도 밝혔듯이, '나홀로'족은 한때 유행이 아니다. '나홀로'족이라는 단어 저편에는 인간이 살아가는 데 가장 필요한 '자립'의 중요성이 숨겨져 있다. 그런 독자적인 철학을 갖고 있었기에 짧은 시간 동안 많은 여성들로부터 호응을 얻을 수 있었다고 생각한다.

독자들의 마음속에 싹튼 '나홀로'족 정신은 앞으로 더 큰 열매를 맺으리라 확신한다. 처음에는 홀로서기가 힘들지도 모르지만, 아장아장 걸음마를 배워나가는 동안 두 발로 우뚝 설 수 있을 것이다.

그러니 부디 안심하고 '나홀로'족 정신을 마음속에 뿌려주시길. 마지막으로 이 책을 읽어주신 독자 여러분에게 진심으로 감사 드린다.

나는 당당한 한 분입니다

초판 1쇄 인쇄 2022년 9월 8일
초판 1쇄 발행 2022년 9월 15일

지은이 하이시 가오리
옮긴이 황소연
펴낸이 한익수
펴낸곳 도서출판 큰나무
등록 1993년 11월 30일(제5-396호)
주소 (10424)경기도 고양시 일산동구 호수로 430번길 13-4
전화 031 903 1845
팩스 031 903 1854
이메일 btreepub@naver.com
블로그 blog.naver.com/btreepub

값 16,500원
ISBN 978-89-7891-356-0 (03190)

잘못 만들어진 책은 구입하신 서점에서 교환해 드립니다.